U0940243

部分证书

2011年度云计划风云导师

帝王争霸赛 荣誉纪念证书

2009年度十大优秀淘客
赵亮亮

阿里巴巴电子商务
特约培训师

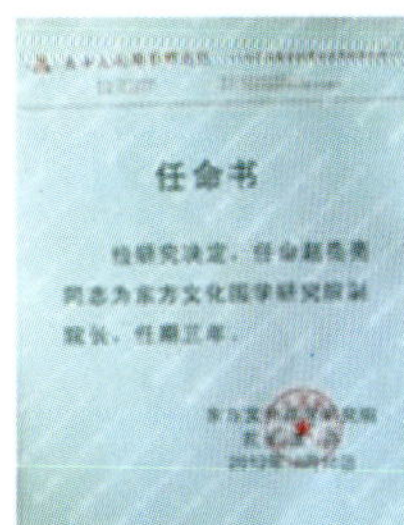
任命书
经研究决定，任命赵亮亮同志为东方文化国学研究院副院长，任期三年。

荣誉证书

出版作品

从基层销售
到
业务精英
——销售员的“孙子兵法”
市场如江湖，
销售的“十八般武器”，
助你成为“江湖高手”！

老子，最合格的CEO
赵亮亮 著
没有华而不实的空架子
只有易学易用的真功夫
左手经典，右手经验，
这样的管理，轻松又高效
东方企业家商学院 东方文化国学研究院
中山大学 清华大学EMBA、MBA授课导师

XIAO FUZHUANGDIAN
小服装店
也能 赚大钱
赵亮亮 著
近400万的网络博客点击量

赵亮亮

开元名都大酒店

浙江大学—微营销实战班（第六期）合影留念
14.3.16

凯德世家移动互联网营销策划培训

公开课《微营销

电商大趋势
万商国际广场茶叶电商论坛
暨临沂专业市场电商峰会

微营销不微

赵亮亮　编著

机 械 工 业 出 版 社

移动互联网时代，人人皆“微商”。这个“小即是美”的时代，将会给更多中小企业主及个人带来企业营销宣传和自主创业的二次革命。为了给移动互联网创业者和从业者带来新的革新思维和微营销操作技巧，本书着重介绍了中国电子商务发展现状及预测、社会化媒体营销概述、企业微博营销操作、文案设计、危机公关处理及微博实战推广技巧，另外也讲述了个人微信微商创业、微信公众账号运营及推广等内容。为了方便读者更系统地将传统互联网及移动互联网融合，本书还讲述了博客营销、论坛营销、邮件营销、微视频等可与微营销有效结合的营销方式。

本书非常适用于微商，小成本创业者，企业微博微信操作人员，社会化媒体营销从业者，研究者及电子商务、移动互联网相关人士阅读。

图书在版编目（CIP）数据

微营销不微 / 赵亮亮编著. —北京：机械工业出版社，2015.2
ISBN 978-7-111-49386-0

Ⅰ. ①微…　Ⅱ. ①赵…　Ⅲ. ①网络营销　Ⅳ. ①F713.36

中国版本图书馆 CIP 数据核字（2015）第 033664 号

机械工业出版社（北京市百万庄大街 22 号　邮政编码 100037）
策划编辑：丁　诚　　责任校对：张艳霞
责任印制：乔　宇
保定市中画美凯印刷有限公司印刷

2015 年 3 月第 1 版 • 第 1 次印刷
169mm×239mm • 12.5 印张 • 232 千字
0001—4000 册
标准书号：ISBN 978-7-111-49386-0
定价：39.00 元

凡购本书，如有缺页、倒页、脱页，由本社发行部调换

电话服务
服务咨询热线：（010）88361066
读者购书热线：（010）68326294
（010）88379203

网络服务
机 工 官 网：www.cmpbook.com
机 工 官 博：weibo.com/cmp1952
教育服务网：www.cmpedu.com
金 书 网：www.golden-book.com

前言一　写在前面

对于营销界来说，这究竟是个什么样的时代呢？

作为社会化媒体营销的研究者，我总是有一种担忧：越来越多的社会化媒体工具如雨后春笋般推出，BBS、社区、博客、微博、微信、易信……一种新工具一年内数次功能改版升级，仿佛有一双无形的手在背后推动。如果不跟进时代潮流，就会被社会化媒体抛弃。以至于我不得不时刻跟随新社会化媒体工具的脚步，研究每一个产品的新功能，预测每一个新产品的推出可能会对市场造成的冲击。这种紧迫感，让我在紧张之余，更多地感受到的是刺激。

2000 年初，当时的聊天室是我接触网络的第一次尝鲜。但当时的网民显然不会把社区作为一种营销的平台。印象中，那时候干得最多的事，就是通宵达旦地在聊天室里，与天南海北的网民聊天——说雅致点，是聊天；直白点，经常是对骂。我和我的小伙伴们，除了玩红警等游戏外，唯一的嗜好就是每天进各种聊天室抢麦、对骂。也是从那时开始，我熟识了东北、天津、北京等地的方言。可惜的是，当时的心思，全放在了网络对骂，或在网上搜索“骂人宝典”之类的无聊事上。现在想想，总是不觉哑然失笑，网络对骂，也算是网络聊天这种新型工具面世特有的“影子”吧。而在当时，一些潜心研究技术的网民，目前大都成为行业中的佼佼者，从互联网中掘到了人生中的第一桶金。

依次经历了聊天室、OICQ（QQ 前身）、BBS、社区，一直到博客我才真正对互联网开始深入地关注和了解。之前运作了几个博客，后来都因为失去兴趣而不再更新。直到在阿里巴巴开通博客，我的第一篇文章便被首页推荐，两年内流量突破 600 万，我才开始潜心研究社会化媒体的营销之道。通过阿里巴巴博客，我获得了 78 个客户、12 个代理商（含个人代理商），而我先前出版的《从基层销售到业务精英》《小服装店也能赚大钱》这两本书，也是源于博客的机缘。除此之外，我还收获了一干热爱社会化媒体营销的好友。

从游戏的心态转到商业化的重视，我花了 6 年时间。然而当我沉浸在每篇博文数千的浏览量而自我满足时，微博横空出世了。短短几年，大量博主抛弃了博客阵地，转向只需 140 字，更便捷、简单的微博。

中国的微博鼻祖是叽歪、饭否，其中饭否尤为值得称道。2009 年 6 月，中国互联网“大整顿”，饭否被暂停使用。也就是在 2009 年的下半年，新浪、腾讯、网易等门户网站，看到微博的发展前景，开始涉足微博。一年后，2010 年 11 月，饭否重新上线，然而铅华洗尽，此时后起之秀的新浪早已坐上微博的头把交椅。饭否在互联网整顿和微博门户同行的竞争中，逐渐退出大众视线。但当时的新浪仍然不敢掉以轻心，在刚推向市场时，新浪微博曾一度屏蔽“饭否”的关键词，担心饭否的忠实粉丝重新竖起一面旗帜，由此可见饭否当时的影响力之大。

新浪微博没有让曹国伟失望。自 2009 年 8 月上线，短短 2 个月时间，用户便突破 100 万。2010 年 4 月，用户突破千万。2010 年 8 月，新浪微博上线一周年，用户突破 3000 万。截至 2012 年，新浪微博用户已突破 5 亿大关。从量变到质变，新浪微博成功地从“博客”转身“微博”，并成为社会化媒体营销最广为称道的平台。

借助微博的红火，我先后在新浪、腾讯、天涯、人民、搜狐、新华、网易等门户平台，开通了认证微博，并开始搜集从 2010 年起的各种微博营销案例。可是，不知情的用户可能还不知道，此时的新浪微博，早已被 2011 年 1 月面世的微信，折磨得头疼不已了。

借助于庞大的 QQ 用户群体，微信推出 3 个月，便有了近 500 万的注册用户。到 2011 年年底，微信注册用户超过 5000 万。3 个月后（2012 年 3 月），微信用户突破 1 亿。半年后（2012 年 9 月），微信注册用户突破 2 亿。4 个月后（2013 年 1 月），微信用户突破 3 亿……

如果微博是互联网的奇迹，那微信就是奇迹中的奇迹。张小龙（微信主要创始人）所带领的微信团队，成功地改变了中国绝大多数网民的沟通方式，或者说，微信改变了中国。目前，微信月活跃用户已超过 2.6 亿。

而且，作为 OTT 的代表，微信让曾经不可一世的电信、联通等运营商成功地“低下高昂的头”，开始与微信破冰合作。尤其是广东联通，更是在 2013 年 8 月 8 日上线了与微信合作的“微信沃卡”。让运营商低头，微信做到了。

在互联网界，更是流传着腾讯在刚上线的 2000 年年初，马化腾曾因为资金问题，想作价 100 万把 QQ 卖给电信，结果却因价格问题没有谈成而作罢的传说。不管是该马化腾庆幸，或者是电信懊恼，可以肯定的是，目前谁也无法改变微信独霸一方的地位了。

然而说起电信，就不得不说电信与网易合作，在 2013 年 8 月 19 日推出的“易信”软件了。

“卧榻之侧，岂容他人鼾睡？”这句话用来形容互联网行业再合适不过了。电信和微信合作推出的“微信定制手机”仅仅是个烟雾弹，499 元的内置微信手机也不过是针对乡镇、农村市场的小圈客户群体。对于目前资深的“成熟网民”来说，499 元的手机当然难入“法眼”。然而就在不久后，电信就开始从被动角色变成“出击方”，用易信给了微信重重一击。

易信从早上召开发布会，24 小时内下载用户便突破 100 万，与微博 2 个月突破 100 万用户的时间相比，加速了 66 倍。而易信用户突破 500 万，只用了短短 3 天，与微信 3 个月突破 500 万相比，速度快了 30 倍。易信用“跨网免费短信”+“免费电话留言”+“免费表情”等优于微信的功能，迅速网罗到第一批“尝鲜”的用户。

易信还为东家网易带来“股票大涨两日，上涨 20%，创过去一年中最大单日涨幅”的利好局面。截至目前，网易的总市值已达 96.3 亿美元，超过奇虎 360 的 86.9 亿美元，在中国互联网上市企业中排名第三。

BBS 下一个是博客，博客下一个是社区，社区下一个是微博，微博下一个是微信，微信下一个是易信？那易信下一个会是谁？

我不知道。但我知道，腾讯、百度、阿里巴巴、奇虎、京东等，每一家互联网企业都在说“开放、包容”，然而当自己的“地盘”，可能会受到“同行”的任何侵犯时，所有的“开放、包容”都将成为挂在墙上的一个标语。“保护自己的用户市场高于一切”，这成为此时真正的座右铭。

看到这里，有没有感觉中国互联网和社会化媒体发展，像一部融合了谍战+商战+励志+科幻元素的电视剧？相信你应该能体会到中国互联网和社会化媒体的变化之道了。移动互联网的变化之快、竞争之剧烈，是任何一个时代都不可比拟的。所以，作为一个互联网和社会化媒体工具的研究者，我真的不知道这是怎样的一个时代。而按照我以往培训的惯例，我会在结束之时，借用英国文学大家狄更斯先生在《双城记》开篇说的话：

“这是最好的时代，这是最坏的时代；这是智慧的时代，这是愚蠢的时代；这是信仰的时期，这是怀疑的时期；这是光明的季节，这是黑暗的季节；这是希望之春，这是失望之冬；人们面前有着各样事物，人们面前一无所有；人们正在直登天堂；人们正在直下地狱。”

这是最好的时代，草根创业者运用社会化媒体工具，通过互联网掘到了人生的第一桶金。这是最坏的时代，线下传统企业转电商，错误地运用“烧钱”方案，栽了大跟头。这是智慧的时代，以社会化媒体平台辐射互联网，可以很轻松地将公司的产品传递给数以亿计的网民。这是愚蠢的时代，错误地运用互联网炒作，将公司信誉和个人形象，一败涂地地曝光给数以亿计的网民。这是信仰的时期，有人说：信电商，得永生。这是怀疑的时期，有人说：电子商务，真的能赚到钱吗？这是光明的季节，在互联网面前，企业与人不分贵贱、同样平等。这是黑暗的季节，虽然人人平等，但如果没有推广费，又没有好的创意和社会化媒体工具运作技巧，只能做垫底的电商创业失败者。互联网是希望之春，也是失望之冬。在互联网的“花花世界”中，有的人赚到盆钵皆满，有的人输到一无所有。有的人一夜成名“直登天堂”，有的人名利皆输“直下地狱”。

说到这，我的评书也该结束了。

我以前出过三本书，这本书的前言写得最长。因为我认为这是最具有战斗意义的一本书。鲁迅先生说翻开历史一查，都写着“吃人”两个字，而翻开中国互联网的历史一查，也写着两个字：“布局”。BAT 组合（百度、阿里巴巴、腾讯）在布局，中小企业在布局（传统转电商），淘宝 C 店创业者在布局（获取流量，提高销量）……互联网的这个“局”，既是商业模式，也是运营技巧；既是统筹战略，也是战术部署。而这本书就是想给布局中或即将布局的中小企业主，以及个人创业者，提供一份经验。

这是一本写给移动互联网从业者和爱好者的书，这本书的内容改编自我的教材，而里边的案例，也多数是我在做微营销研究中，亲自试验或亲自经历的真实案例。我想收到的效果是：看过这本书，任何一个想在移动互联网营销中收获宝藏的创业者，都可以有所感悟。

多言无益，如果你想与我交朋友，可以搜索我的微博@照关月（新浪、腾讯、人民、天涯、搜狐、网易、新华网等所有微博 ID 均为@照关月），或者关注我的微信：@照关月（公众账号为 guanyuezhao，个人账号为 486474）。

照关月个人微信号
（ID:486474）

照关月微信公众号
（ID:guanyuezhao）

我愿与你交流移动互联网和微营销的任何话题，知无不言。

前言二　39 天写本书：《微营销不微》的“前世今生”

决定写这本书，源于一个小小的“一时兴起”，后来干脆就通过微博、微信发布“39 天写本书”的写书计划。没想到的是，却成为这本书，通过微博、微信平台，实现“微营销”的一个真实案例。

2014 年 9 月 2 日，我决定写书，并确定 39 天写完。9 月 8 日，接受采访。隔天（9 日）采访上线，并被中国日报网、新华网、网易等门户平台转播。9 月 13 日决定找出版社，15 日建立出版合作意向，17 日收到出版合同。这一天，与决定写书只相隔了 15 天。15 天，从决定写书，到签订合同，在出版界应该也算是一个特例了。而且在写作过程中，我把每一天的进度、感悟、想法，都通过微博、微信发布，每天也都会收到老朋友和很多陌生朋友的询问、交流、关注。这一切，只有在社会化媒体时代，在互联网时代，才能实现。所以说这本书得以面世，就是因微博、微信而生。

39 天，通过微博和微信，我写了一本书。39 天，微博和微信，改变了我。现在我希望，这本书，可以改变每一个读者，我的朋友。

以下是“39 天写本书”的采访稿（也是这本书的“前世今生”），曾被中国日报网、新华网、网易等媒体转发：

疯狂的自媒体：“39 天写本书”微信走红！

39 天，能干什么？

一次说走就走的旅游？

一段朦胧情愫的恋爱？

一场闭关清修的修行？

在自媒体时代，网民的选择似乎要更多。

随着微博、微信的兴起，一些传统的作家开始借助互联网的平台进行作品创作、客户交流、活动举办，并取得不小的成绩。近日来，微信、微博中，一个“#39 天写本书#”的话题走红，创造这个话题的正是知名作家赵亮亮（@照关月）先生。据记者了解，赵先生已出版过《老子，最合格的 CEO》《小服装店也能赚大钱》《从基层销售到业务精英》三本畅销书，目前成立的广州道衍商务咨询有限公司主营企业培训、咨询等业务。

究竟基于什么样的机缘，让他发起#39 天写本书#的写书计划呢？

39 天，他真的能写完这本书吗？

带着这样的疑问，记者电话采访了照关月老师。

（以下为采访对话内容）

本网记者（以下简称记）：赵老师，您好。

照关月（以下简称照）：下午好。

记：您能简单做下介绍吗？

照：好的，我是照关月。干过销售，做过管理，打过工，创过业，平时喜好喝酒写诗，出过几本“闲”书，目前正在写一本关于社会化媒体之“微博·微信·微营销”的书。

记：请问赵老师，是什么原因，让您做了#39 天写本书#这个决定呢？

照：其实早在两年前，就有 3 家出版社问我约过此类书稿，当时公司事务实在繁多，加上当时我讲的“微博·微信·微营销”这个课，客户反映都不错，所以当时我不是特别想把这个课程整理成书。今年 9 月初，突然心血来潮：社会化媒体营销发展至今，已经影响到无数的人，我为什么不能把“微营销”的资料整理下，给社会化媒体运作者以启发，也借机交更多社会化媒体圈的朋友呢？然后推掉了所有培训和应酬，我就开始写了。

记：听说您这本书主要是讲“微营销”的，您是怎么看待传统营销、社会化媒体营销和微营销的呢？

照：做个不太恰当的比喻，我认为这三者应该是“恐龙”“猴子”“人类”的关系。营销是随着社会发展在不断进化，但这三者又是“相互牵连、密不可分”的关系。比如在这本微营销的书中，我曾用到很多传统营销的理论，也花了一些篇幅去讲社会化媒体营销。微营销只是现在发展的一个趋势，但它绝不是一个独立的个体，而是三者一体的关系。

记：那您怎么看微博和微信的关系呢？

照：微博是营销平台，微信是客服平台。两者分开作战，效果一般，但结合起来的威力是非常大的。我现在通过微信，已经有学员和朋友预订上百本书了。虽然数量不算多，但这只是在朋友圈子。微博的内容都是与微信同步的，如果找微博的朋友转发，影响力应该会更大些。另外想提醒的是，微博、微信营销与个人账户一定要分开，否则就是透支友情，可能会给朋友造成不好的影响。这样就得不偿失了。

记：嗯，您计划 39 天写完，这 39 天有什么意义吗？为什么不是 36 天或其他呢？

照：我原来的计划是 30 天，后来觉得时间紧。《道德经》说：道生一，一生二，二生三，三生万物。三三得九，九又是最大的数字。而且我是九三学社社员，于是就定成39天了。

记：您现在已经写了多少字呢？

照：截止到现在，马上四万字了。

记：您觉得39天能写完吗？

照：有朋友通过微信也问同样的问题，我说能。他说“写不完你裸奔，我请圈里朋友喝酒；写完了我裸奔，你请朋友喝酒”。我说：“好，你裸奔定了。”39天写本书并非难事，关于微营销和社会化媒体营销培训的课程我一直在讲，最长授课课时是7天，很早之前就有系统的轮廓和章节，直接把教材做成文字，并非难事。而且我之前有写过3本书，还算有点写作底子吧。

记：嗯，那您发起#39天写本书#的微信活动，会不会有人以为是炒作？

照：其实这个活动的最初目的是想让朋友监督。我的定性很差，担心写到一半就放弃。写《老子，最合格的CEO》就曾“三写三放”，花了很长时间才完稿。这两天已经有点打退堂鼓了，但骑虎难下，这么多朋友在关注，好像有一股无形的力量在推动着我。一千个人眼中就有一千个哈姆雷特。我觉得没有炒作的必要，现在微营销、移动互联网最热门，而且写作圈子里的一些朋友，一个月就写本书的大有人在。关于炒作，我有一些媒体圈的朋友，我们公司也有相关业务，如果想炒作，我不会等到第4本书才炒。

记：您那3本书都是哪个出版社出版的呢？

照：《老子，最合格的CEO》是安徽人民出版社，《小服装店也能赚大钱》是中国纺织出版社，《从基层销售到业务精英》是广东科技出版社。

记：您最满意的是哪本书呢？

照：销量最好的是《小服装店也能赚大钱》，最满意的是《老子，最合格的CEO》。

记：《老子，最合格的CEO》这本书是讲《道德经》的，而您现在写的这本新媒体营销是最新的移动互联网营销，您怎么理解“道德经”和“互联网”的关系呢？

照：我认为做人要多元化、多样化。我有一个优点，别人研究一个事物，了解了就打住，我不一样，只要是自己喜欢的，必须要研究到底。当然这也是缺点，爱好太泛了。所以到目前出版了管理、销售、创业的3本书。现在写的这本是关于网络营销的，计划明年会再出一本诗集，每一本书都不搭。最老和最新只是文字上的差距，其实理念是相同的。或者说，我写这3本书的目的是一致的，不敢说“传道授业”，算是“解惑”吧。

记：您这本书要和哪家出版社合作呢？

照：坦率地说，目前还没有跟出版社接洽，我想在稿子完成一半左右后再找出版社。之前曾经被编辑老师催过稿，实在是有些怕了。如果有出版社觉得可以出版此类题材的书，欢迎跟我联系。

记：您微信上的朋友对您写书的看法是怎样的呢？

照：正好借这个机会，谢谢所有的朋友。我微信圈子里大部分都是朋友、学员、同事、同学，知道我计划 39 天写本书，很多朋友都微信留言表示支持，还有不少朋友专门打来电话。今天不免俗套地对朋友们说声“谢谢”，出版后，一定第一时间与大家分享、庆祝。

记：您预计这本书什么时候能出版上市呢？

照：这个要看后续跟出版社的沟通了，出书的具体时间很难定，先前出版的 3 本书实际出版时间都比合同时间晚些。比如书号申请、三审三校等，编辑审稿速度，书号审批时间，都会造成出版延后。不过我计划这两天就跟出版社联系，签订出版合同后，可以先发前面写的稿，然后再一边写作，这样可以缩短出版时间。我希望能在 2014 年年底出版，不过实际估计要等到 2015 年了吧。

记：那您这本书的书名是什么？

照：最终的名字还没定，暂定名是《微营销不微》，目前最喜欢这个名字，如无其他意外，应该实际出版也会是这个名字。

记：好的，您还有什么要说的吗？

照：最后说一句，谢谢所有朋友，感谢大家关注《微营销不微》。也欢迎朋友在微博、微信上关注、参与 #39 天写本书# 话题。新朋友可以关注我的微信 ID：zhaogyweixin，或微信公众账号：guanyuezhao。也可以关注我的新浪、腾讯、搜狐、天涯、人民、网易、搜狐微博：@照关月（所有微博 ID 都是照关月）与我交流。我相信，用不了 39 天，这本书就能写好，请大家拭目以待。

记：好的，最后预祝赵老师的新作可以尽快完稿、出版，我们也会继续关注 #39 天写本书#的最新动态，谢谢赵老师百忙之中接受采访。再见。

照：谢谢，再见。

记者编后话：

赵老师说：39 天写本书，只有在新媒体营销时代，在这个“人人皆是自媒体”的时代才能得以实现。当越来越多以纸媒为代表的传统媒体衰退，当越来越多的用户进入互联网，登录手机互联网，客户在哪，营销也就在哪了。微博、微信本来是私密化的圈子，却被营销占领，这不是无奈，而是趋势。

新媒体营销时代，你准备好了吗？

出发吧！

目　　录

第一部分　中国电子商务发展历程及现状

第 1 章　中国的互联网和移动互联网

1.1 中国互联网网民及网购人数

据中国互联网络信息中心（CNNIC）发布的《第 31 次中国互联网络发展状况统计报告》显示：2012 年中国互联网的普及率为 42.1%，普及率的增长幅度再次比去年缩小。手机网民用户达到 4.2 亿，年增长率 18.1%。而且中国手机网民在 2012 年 6 月达到 3.88 亿，首次超过电脑用户，成为第一大上网终端平台。

2012 年 12 月，据中国互联网络信息中心统计显示，中国的网民人数达到 5.64 亿，其中网购人数 2.42 亿。而与 2012 年的中国人口总量 13.54 亿相比，中国网民用户已占到中国人口总量的 42%，网购人数占到网民总人数的 43%。也就是说，每 100 个中国人就有 42 个是网民，而在 100 个网民就有 43 个人参与了网购。

中国网民的人数：2250 万（2000 年）、4000 万（2001 年）、5910 万（2002 年）、8630 万（2003 年）、8700 万（2004 年）、1.2 亿（2005 年）、1.37 亿（2006 年）、2.1 亿（2007 年）、2.98 亿（2008 年）、3.84 亿（2009 年）、4.6 亿（2010 年）、5.1 亿（2011 年）、5.64 亿（2012 年）、6.3 亿（2013 年）。（备注：以上数据摘于网络，仅供参考）

从 2002 年与 2012 年网民数量可以看出，十年来中国网民数量增长了 9.5 倍。中国的网民用户增长幅度呈现“先迟缓、后稳步、后大幅、后减慢、后稳步”的发展趋势。而从中国互联网的普及速率及中国总人口数量的角度来看，互联网用户的增长态势，还将持续很长时间。而且随着用户获取信息、阅读、娱乐、购物等方式的改变，移动互联网的发展将会更加迅猛。

2013 年，中国互联网人口数达 6.3 亿，渗透率为 46%。仅仅过去一年，移动互联网的用户已突破 5 亿，占全国网民总数的 79.3%。按照这个增长速度，中国网民人数占到总人数的 50%应该在未来三到五年内即可实现。而移动互联网用户也最多在三年内将接近或拉平中国网民数量的总和。

技术发展的脚步，绝不局限于此。

可穿戴式设备、物联网、大数据、云计算，各种新型的互联网设备及功能，已经被很多高新企业研发，并已逐渐在设备上应用了。而十年前曾一度称霸手机江湖的摩托罗拉和诺基亚，早已风光不再，难逃被收购之路。不过两三岁的“小米”，却在几百天，就实现一千七百多万部手机的年销售量，成为互联网时代新的奇迹。技术的发展，在这个时代将会更加迅速，也只有在互联网时代，才会有接踵而来、应接不暇的“奇迹”发生。

据易观智库发布的《中国移动互联网用户行为统计报告》显示，截至 2014 年，中国移动互联网用户规模已达 6.86 亿，其中 60%为男性用户，年龄在 25～40 岁的用户占比为 62%，分布在二、三线城市的用户占比 46%，而高中/中专及以上学历的用户占比 67%，个体户、自由从业者、私营企业主占比 23%。

另据易观智库调查显示：中国移动互联网用户中，超过 48%的用户每天使用时长为 1～4 小时，在晚上使用的用户群体占比更是高达 84%。

通过以上数据可以看出，在男女用户分比适中，用户群体年轻化，二、三线城市、高学历、高收入、夜晚用户集中等特性中，已经有绝大多数的购买主力军开始或准备试水电子商务。而且，随着时间推移，当从小就接触电商的 90 后、00 后成为消费主力军时，电子商务的发展将会从爆发期进入到平缓期，届时，传统企业将会受到难以想象的冲击。因此传统企业如何尽早尽快优化、转型、升级，也是这些企业的必选之路。

1.2 中国电子商务交易规模

中国电子商务交易额：1088 亿（2001 年）、1809 亿（2002 年）、2763 亿（2003 年）、4800 亿（2004 年）、7400 亿（2005 年）、1.5 万亿（2006 年）、2.17 万亿（2007 年）、2.4 万亿（2008 年）、3.85 万亿（2009 年）、4.8 万亿（2010 年）、6.4 万亿（2011 年）、8.1 万亿（2012 年）、突破 10 万亿（2013 年）。（备注：以上数据摘于网络，仅供参考）

从历年来电子商务交易额的数据可以看出，电子商务交易额每年都在快速增长。相对于网民的增长速度，电子商务交易额的增长幅度要高出很多，以 2002 年与 2012 年相比，十年时间增长了 447 倍。工业和信息化部在 2012 年颁布的《互联网行业“十二五”发展规划》目标中提到，2015 年预计中国的电子商务交易额将达到 18 万亿。（预测 2015 年实际交易额应该能突破 15 万亿）

1.3 一个亿的十年之约

中国电子商务龙头企业阿里巴巴董事局主席马云，和中国最大的线下商业地产公司万达集团董事长王健林，在 2012 年 12 月的 CCTV 中国经济年度人物颁奖晚会现场，两人的“一个打赌”被业界广为流传：

王健林说：“2022 年，也就是 10 年后，如果电商在整个中国大零售市场份额占到 50%，我给马云一个亿，如果没到，马云输我一个亿。”王健林认为，电商发展再厉害，但现在所占的市场总份额，毕竟还不算“特别多”。将来能不能占到一半以上的份额，还有待时间考证。而且像搓澡、捏脚、掏耳朵这些业务，电商是永远也无法取代的。而马云却认为：“电子商务不是一种生意模式，而是一种生活方式的变革。电子商务的目的不是去消灭谁、推翻谁，而是建立未来我们认为更加公平、透明、平等的商业生态环境。电商不可能‘完全’取代零售行业，但它会‘基本’取代。”

十年的赌约，目前还很难看出孰胜孰负。但在不久后，万达便放出“200 万年薪招电商 CEO”的信息，王健林更是高调宣布“除了马云、刘强东，谁都可以挖过来”。在当时，几乎所有的电商猎头公司，都接到了万达的电话。CEO 的要求有两项：“一是 40～45 岁；二是需要成功经验，管理过几百亿年收入的公司”。值得一说的是，符合这两项条件的只有马云和刘强东。

经过一系列的甄拔筛选，最终龚义涛被王健林看中，荣登 CEO 宝座。而龚义涛的上一个东家正是阿里巴巴，担任阿里巴巴国际交易技术资深总监一职。

从目前现状来看，传统零售负增长的趋势加剧，电商交易额大幅增长。即便抛开这些不说，王健林高调招聘电商 CEO，并将阿里巴巴原员工做为最终人选，实际上也透露出两个信号：① 王健林对电商的重视度非常之高；② 作为传统行业巨头，与电商巨头马云打赌，却又从阿里巴巴挖到高管，虽然目前胜负难定，但王健林此举，在气势上已经稍落下风了。

2014 年 7 月，王健林发布的《2014 年上半年工作报告》中，再次提到下半年的工作重点之一，就是全力扶持万达电商的发展，并计划将万达打造成为类似于“听到腾讯就想起微信，听到百度就是搜索”，借助万达线下庞大的实体商业帝国，达到“听到万达，就是O2O”的效果。然而，从当前万达电商的发展来看，王健林仍然“任重道远”。

2014年8月底，中国富翁榜排名前四中的三位大佬万达董事长王健林、百度董事长李彦宏、腾讯董事会主席马化腾强强联手，一期共同投资50亿元，计划打造全国最大的O2O平台万达电商。这距王健林在7月份发布的《2014年上半年工作报告》才过去一个多月。万达跨界百度和腾讯战略合作，想要抗衡的正是电商帝国的“国王”马云。

而且巧合的是，几乎在同时，万达广场开展了“手机号码注册成为万达会员”的活动。用户只需发布“zc269”到指定号码，就可以成为万达会员。手机会员注册的模式早在社会化媒体营销时代就已经有了，而万达现在是重走旧路，还是计划通过手机号码打开移动互联网之门，现在还不得而知。但可以肯定的是数据不会骗人：5亿的手机用户，超过6亿的网民数量，10万亿的电子商务交易额。这些数字说明，未来的电子商务“大有可为”。

1.4 “手机网民”背后的亿万商机

据调查数据显示，截至2014年，全球人口共计72亿，其中全球手机用户总数为70亿，手机用户占比97.2%。预计2015年，全球手机用户总数将突破76亿，超过全球人口总数。同年，中国人口14亿，其中中国手机用户数12.24亿，手机用户占比87.4%。

根据工信部统计数据，截至2013年3月底，中国共有11.46亿移动通信服务客户。其中3G用户2.7727亿，有8.1739亿用户已经开通接入移动互联网业务，占全部用户的71.34%。已经接通移动通信服务的用户数，占全国人口的84.9%。也就是说100个用户中，已经有85个人开始用移动互联网了解世界，了解产品信息，包括购买产品。

从传统的通信模式（烽烟、书信、快马、驿站）到近代的传统营销（电话、传真、报刊、杂志、陌拜）跨越了数千年，但从传统营销到互联网营销的转变仅用了十几年。更令人称奇的是，从传统互联网到移动互联网，只用了短短五六年时间。

当2012年中国的手机互联网用户超过电脑互联网用户，人们才恍然大悟：在这个生活节奏快速化、碎片化、信息化的时代，网民除了工作中的电脑外，吃饭、乘车、旅游、休闲等更多的时间只会交给手机。移动互联网最大的革命是解放双脚、解放时间、解放固有思维和方式。相对于沉重不便携带的电脑来说，网民也更愿意使用小巧、便捷、易带的手机。

在 2009 年之前，有超过 90%的社会化媒体营销研究者都在研究 BBS、社区、博客、百科、问答等传统互联网的营销方式和技巧。而微博推出的第一年，开始有人研究微博。短短 3 年时间，社会化媒体营销已经成为微博、微信的代名词。通过微博、微信的发展也可以看出，信息化时代，网民更关注的是体验感：我不需要长篇大论地说事（博客），因为一件事、一个心情完全可以通过“140 字+图片或视频”说清楚；我不需要刻意隐瞒我的现状，反而是希望更多的朋友，甚至未知的关注者了解到我的最新动态；我不需要除了工作时间外，还呆板地宅在电脑前，我要走出去，并且告诉这个世界的每个人；我不需要只能通过电脑才可以购物，而是手机轻轻一点，即可实现查货、选货、下单、支付、送货上门的一条龙服务。

1.5 网络营销的“马斯洛需求层次理论”

1943 年，美国心理学家亚伯拉罕·马斯洛在《人类激励理论》论文中，提出了人类的五大需要：“生理需要、安全需要、社会需要、尊重需要、自我实现”，这就是著名的马斯洛需求层次理论，见图 1-1。

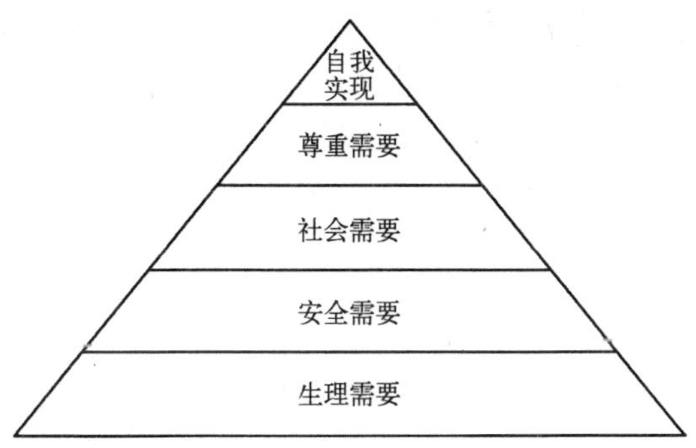

图 1-1　马斯洛需求层次理论

马斯洛认为，人类最基层的需求是生理需求，包括渴了喝水、饿了吃饭、呼吸空气、拥抱阳光等每一个生物都需要的基础需求，或者说这是一个“婴儿”的需求。

当生理问题解决了之后，婴儿长大需要上学。这个时候，他需要的不再仅仅是甘甜的乳汁，而是如何规避生活中所遇到的各类威胁和风险，以达到学习与生活融洽的目的，这就是第二层“安全需求”。

经过多年的学校生涯磨练，现在要步入社会，除了父母亲情、同学友情外，他更需要各种关系、人脉，来让自己的职业生涯变得更顺利，或者更早实现自己的创业梦，这就是他的第三层“社会需求”。

经过多年打拼，终于在公司中成为管理者，彻底摆脱了打工仔的身份，面子和虚荣的影子便会悄然笼罩在左右，他需要看到别人的尊重，看到自我价值的实现，这是第四层“尊重需求”。

厌倦了高管生涯，认为即便再厉害的高管也是“打工者”，在日复一复单调苦闷的管理过程中，终有一天爆发了：我要创业，我要自己做老板，我要战胜自己、超越自己。于是辞去工作，开始创业。这个就是第五层“自我实现”的需要。

马斯洛理论适用于营销界对客户需求的研究方向参考，如果以“洗衣服”为例，用户的需求也分为五个级别。最基层的需求是“衣服脏了，需要洗”（生理需求）。然而有些用户会想：不能为洗衣服而洗衣服，还要洗得干净、卫生（安全需求）。另外一些挑剔的用户说：只干净、卫生还不行，我需要有鲜花和水果的清香（社会需求）。这时又有用户说：除了带香味儿，我还需要保护自己，必须用不伤手的无磷洗衣粉（尊重需要）。最后有用户说：不伤手固然重要，如果你能让我洗过的衣服好像新买的一样，哪怕价格贵点也没关系（自我实现）。

根据客户的这些要求，“洗衣服”从皂荚汁、洗衣粉、洗衣液等做了多次变革、改良，为的就是满足客户日益“刁钻”的需求。所以无论在冷兵器营销时代，或传统营销与移动互联网营销时代，“挖掘并满足客户需求”，永远是亘古不变的营销真理。移动互联网的微博、微信、手游（手机游戏）、视频、移动电商、移动支付、物联网就成为互联网从业者必须重视的新媒体营销平台工具。

1.6 自创的电商“狂欢节”

“双十一”，是淘宝自创的“光棍节”。2010 年 11 月 11 日，淘宝商城推出“双十一”五折大促销活动，当天零点 13 分，第一家“100 万元店”诞生；半小时后，第一家“500 万元店”诞生。是日，淘宝商城共计诞生了 181 家百万级商铺、11 家千万级商铺，创下单日 10 亿元的销售纪录。

疯狂并未就此停止。

2011 年的“双十一光棍节”，自 0 点上线，8 分钟就突破 1 亿交易额，21 分钟突破 2 个亿，1 小时 5 个亿，10 个小时 10 个亿（10 个小时已超过去年一天的总销量），13 个小时 15 亿。共计产生 2200 万个包裹，497 家百万店铺，38 家 1000 万店铺，3 家 4000 万店铺。当天全网销量 52 亿，其中淘宝商城 33.6 亿。

更惊人的往往在后头。

2012 年，“双十一”购物开场第一分钟，便有超过 1000 万消费者涌入天猫，开场十分钟，支付宝交易额便突破 2.5 亿。37 分钟，支付宝总交易额达到 10 亿（相对于 2010 年单日总销量 10 亿来算，时间压缩了近 40 倍）。最后，以全网销售总额 191 亿（其中天猫销售额 132 亿，淘宝销售额 59 亿）结束了这次“疯狂的抢购”。

191 亿，这个数字是当时中国网上零售业的巅峰，也是当时中国零售史上单平台、单日最高销售额记录的 NO.1。在这一次的“双十一”大促活动中，京东、苏宁、易迅等平台，也纷纷推出各类优惠活动，取得了不错的战绩。

2013 年“双十一”，开场 55 秒，超过 1 亿成交额；6 分 07 秒，超过 10 亿；13 分 22 秒，超过 20 亿；38 分 05 秒，超过 50 亿；5 小时 49 分，超过 100 亿；8 小时 42 分，超过 121 亿；13 小时 04 分，超过 191 亿（2012 年“双十一”成交总额）；13 小时 39 分，超过 200 亿；21 小时 19 分，超过 300 亿；24 小时，350.19 亿。

这一天，支付宝交易总额超过 350.19 亿，其中手机淘宝交易额 53.5 亿，同比增长 83%。当天交易额占到 9 月份社会化零售总额的一半。单日活跃用户 1.27 亿，共计产生了 1.6 亿个包裹（去年同期共计 1 亿零 580 万笔全球记录），最高时每分钟支付 79 万笔。其中支付宝手机支付笔数 4518 万笔（成交 3590 万笔，占比 21%），占支付宝整体交易笔数的 24.03%。支付宝手机支付额突破 113 亿，这也是目前全球移动支付的最高纪录。

当天，有 17 家店铺销售额过亿（2012 年有 3 家）、43 家店铺超过 5000 万、443 家超过 1000 万。就连基金、理财类的产品支付宝成交总额也达到了 9.08 亿元。

2014 年双十一凌晨 0 点钟声敲响后：

10 秒钟，交易额突破 650 万。

2 分钟，突破 10 亿。

5 分 17 秒，20 亿。

10 分钟，36 亿。

14 分 2 秒，50 亿。

38 分 28 秒，100 亿。

7 小时，191 亿。（2012 年双十一全天交易额）

7 小时 17 分，200 亿。

10 小时 51 分，300 亿。

12 时 58 分，350 亿。（2013 年双十一全天交易额）

15 时 29 分，400 亿。

21 时 12 分，500 亿。

24：00，571 亿。

疯狂的双十一，再一次用数据证明了电商的发展之迅猛。

然而，2014 年双十一，马云提出的战略定位，已经不再仅仅是国内市场和 PC 端，而是制定了“全球化、移动化、平台化”的三大策略。

目前，217 个国家和地区的居民，都在淘宝或天猫购物，如果按照世界上共有的 227 个国家和地区（193 个国家，34 个地区）来计算，淘宝和天猫的客户已经实现全球覆盖 95.6%。因此，跨境电商将会是未来 3～5 年内电商发展的重中之重。

再从移动业务说起，2014 年双十一的移动端成交额为 243 亿，占总成交额的 42.6%。因此，不仅是在 PC 端，在移动端，阿里系也是当之无愧的 NO.1。

跨境电商，可能对于中小企业或商户来说有些遥远。但移动电商的发展，却就在我们身边。受设备、便携性、成本等因素，台式电脑的增长速率已经逐渐下滑，而移动设备却普及到几乎人手一机（部分偏远地区除外）。有了设备，才具备购物的资格。所以移动互联网是未来，或者说就是现在，发展的必争高地。

腾讯创立微信，微信开通微信小店、微信支付，并与京东深度合作，打开移动电商购物入口；阿里巴巴入股新浪微博，自主研发来往……这一切，都是在为移动互联网布局。

我们可以预见的是：未来，谁掌握了移动互联网的入口和平台，谁就能“独步江湖”，称霸“电商”。

1.7 未来的互联网发展趋势

经过电商各方巨头厮杀竞争，中国的电子商务现状已经非常明了。目前的电商局面为百度、阿里巴巴、腾讯（业内称为“BAT”组合）三国争霸。百度坐拥线上搜索第一平台，又收购了 PPS（布局视频入口）、91 无线（布局手机互联网）等；阿里巴巴战略投资新浪微博、陌陌，收购高德地图；腾讯依靠最庞大的 QQ 用户群，先后推出微信、网购等重量级平台。其后，京东、奇虎、搜狐等互联网大佬虎视眈眈，都在伺机而动。

纵观中国电子商务的发展现状，笔者预测未来的电商发展将会以下面五个态势呈现，见图 1-2。

一体化

传统企业经过多年的观察和“洗礼”，由于看到同行在网上的销量，或者迫于线下高昂的租金、人工、运作成本，越来越多的传统企业，已经进入或试图踏入电子商务圈。而在电商界，很多线上品牌由于受到线上产品同质化、薄利化的威胁，也在努力尝试线上品牌落地化。尤其是一些服装类的淘品牌，大多有在线下开连锁，打造线下品牌的计划。

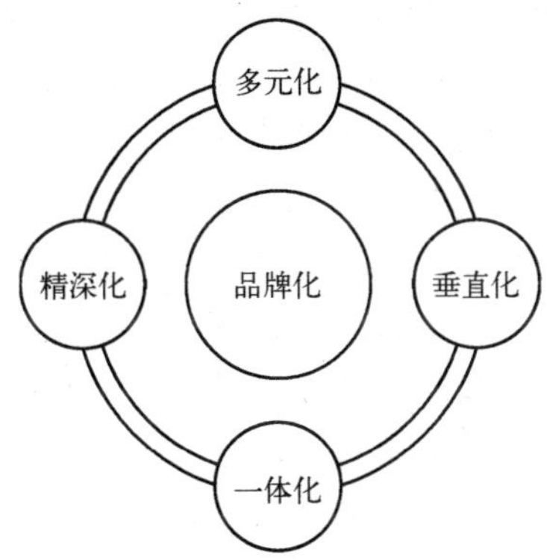

图 1-2　中国电子商务发展状态预测图

“传统转向电商，电商结合传统。”未来中国的企业发展将会两者合二为一。大胆预测，在不久的将来，或许不再有单纯的传统或电商企业，而出现真正的传统结合电商，全面打造 O2O（线上到线下）的模式。

精深化

电商平台的争夺之战非常残酷，新平台的崛起，老平台的淘汰，大浪淘沙，剩下的大都是打“专业、精准、深度”牌的平台。作为中国的电商龙头，阿里巴巴也在不断进行自我调整，用最好的战略布局服务客户。

2011 年 6 月，阿里巴巴退市，提出大阿里战略。淘宝分拆为“淘宝、天猫、一淘”。一年后，2012 年 7 月，阿里巴巴又重组，成立了号称“阿里七剑”的“淘宝、一淘、天猫、聚划算、阿里国际业务、阿里小企业业务、阿里云计算”七大事业部。不到半年，2013 年 1 月，阿里巴巴再次做出调整。“阿里七剑”拆分为天猫事业部、物流事业部、良无限事业部、航旅事业部、共享业务事业部、商家服务事业部、阿里妈妈事业部、一淘及搜索事业部、类目运营事业部、数字业务事业部、综合业务事业部、消费者门户事业部、互动业务事业部、无线事业部、旺旺与客户端事业部、音乐事业部、聚划算事业部、本地生活事业部、数据平台事业部、信息平台事业部、云 OS 事业部、阿里云事业部、B2B 中国事业部、B2B 国际事业部、B2C 国际事业部等 25 个事业部。

从“大阿里战略”的“三驾马车”，到“阿里七剑”，再到“25 分堂堂主”，仅仅两年，阿里巴巴把“1”变成了“25”。马云经常说一句话是“小即是美”。阿里巴巴的一系列战略调整，都透露出把“企业做得更小、功能分得更细、职责落实到个人”的味道。每一个单独的事业部都好像一家独立的企业，而这 25 个事业部的业务又都互相连接。这种“若即若离、责任到人、共荣共耻、独立而生”的精深化战略，处处透出马云在战略布局中的巧妙之处。为客户提供更周到的“差异化服务”，这或许就是精深化服务最简略直观的总结吧。

多元化

电子商务发展的形态，相对来说比较单一，尤其是几年前。当马云高喊着“信息高速公路”、B2B 的时候，很多人还搞不清什么是“B2B”。后来淘宝打败易趣，C2C 的概念开始走红。而后 B2C 的京东、当当、亚马逊在淘宝的“缝隙”下捡到宝藏。甚至让在几年前曾多次在电视媒体中说“阿里巴巴拿着望远镜都找不到对手”的马云感到头疼。再后来 B2B2C、B2G（企业到政府，例如电子报税、电子通关等业务）、C2B（个性化定制服务）、M2B（厂家直对商户）、O2O（线上到线下）等概念更是层出不穷...

最新的 O2O 概念，真正提出不过两三年时间，但现在已经是所有互联网研究者、电商和传统企业尊崇的“宝典”了。

而最近刚刚兴起的“F2F”（朋友到朋友，圈子营销）也开始逐渐走红。很多意见领袖和门户网站的高管，都在组建自己的“圈子”。通过这个圈子，每个成员都可以享受到圈子内部人脉的互通有无、项目对接，并且可以参加不定期举办的各类沙龙、聚会等活动。圈子营销，应该会是下一步发展的另一个趋势。营销太过商业化，通过圈子，大家“新朋友变成老朋友”，而且在“圈主”的担保下（能加入圈子的，一般都跟圈主认识，或经过圈子的实际考察），双方合作也会更放心。圈子营销也是“人脉营销”的一种表现。

目前还不清楚下一个“X2Y”是什么，但可以肯定，未来的电商表现形式将会更加多元化、多样化，而这种多元化会推动中国的电子商务发展，朝着更精准、更有效、更轻松的方向延伸。

垂直化

淘宝打败易趣，在当时几乎让所有人大跌眼镜。一个后起之秀，打败了跨国巨头，这是中国互联网史上的一座里程碑。在这之后，淘宝的发展一路顺畅，包括后来又先后延伸出的“天猫、聚划算、一淘”等细分品牌。但即便如此，还是让京东、当当、亚马逊等做垂直化平台的企业站稳脚跟。在互联网界，没有永远的 NO.1，更不会有永远的一家独大。

在垂直化电商起步阶段，说到当当，我们想到卖书；说到京东，我们想到 3C；说到麦包包，我们想到包；说到凡客，我们想到服装；说到库巴，我们想到电器；说到红孩儿，我们想到母婴……这些在淘宝都已有多家商城和 C

店在销售的产品，却在客户的支持下，成为淘宝的抗衡者。他们为什么能生存下来呢？

打个比方，如果把淘宝比作一座大型的牧场，在这座牧场中，有鸡、鸭、鹅、牛、羊、猪等成百上千种家禽家畜。但因为“摊子”太大，而且淘宝只提供“场地”，牧场主均是自营，甚至不需要收牧场主的费用，因此淘宝官方无法监管到每一个细类目的店主运作。于是在这个“大牧场”中，就可能会出现一些“不良”的牧场主捣乱，导致个别客户因单个牧场主的不良行为，而怪罪于“场地”（平台）的提供商淘宝。这是其一，更关键的是，现在有一家牧场，它也提供场地，并且为了保证牧场主的规矩运作，制定了更详细规范的运作规则，并且会向这些牧场主收取一定的管理费和保证金。淘宝已经成为中国 C2C 平台的绝对第一，它的任何举动，都会影响到数以百万计的淘宝店主。因此淘宝在有些事上“心有余力不足”。抛开这些，再打个比方，如果你要买只鸡，你会选择去一个什么都卖的大牧场，还是去养鸡场呢？相信很多客户会选择后者。

很多淘宝店主和传统企业主都曾有这样的疑惑：现在开通网上平台晚吗？淘宝店主这么多，还能赚大钱吗？中国的 B2B、C2C、B2C 平台已经发展得这么成熟，我还有必要做独立主站吗？

看过以上的分析，这些疑问应该可以迎刃而解了。只要开始做，永远不会晚。没有任何一家平台可以独大，未来的垂直化平台发展，仍然会有更多细分的、做地域服务的或独立产品类目的平台诞生，甚至不排除超越京东，甚至超越淘宝的可能。

品牌化

没有淘宝经验的新手，往往会大倒苦水。看着别人赚钱，自己不做眼红；做了，经营不善，赚不到钱着急。实际上，最难的不是赚不到钱的淘宝店主，而是一些小的代加工作坊，尤以服装、鞋袜类为代表。

由于原材料价格上涨、通货膨胀、人工费用增加等众多因素，已经有大批的代加工厂关门大吉。没有订单时，厂子里几条生产线，只有一条开工。但是又不敢辞退员工，因为不知道哪天突然有大客户下订，再临时招人，肯定来不及。来了大订单，同行竞争激烈，价格战此起彼伏，抛去人工和必要开销，一件衣服可能只有三两块钱的利润。于是出现“不开工：白发工资，不能辞人；开工了：利润单薄、无利可图”的尴尬局面。

可以说淘宝救了一批贴牌的加工商。通过淘宝，很多较早进驻，已经积累到一定客户，并且注册商标的店主，会把一些抄来的仿版，或自己设计（淘宝 C 店相对比较少，一般是规模化运作的公司才自己设计版）的服装交给代加工厂制作。但网店的最大优势是价廉，所以薄利多销的淘宝店会压缩生产成本，也导致不少加工厂因为利润太低而倒闭。这个“怪圈”是当前互联网环境的必然产物。

未来的电子商务发展，将会呈现出“大代加工厂和只有品牌没有工厂的经营者，不断吃掉中小加工厂”的结果。而那些有头脑的加工厂，也开始自己注册品牌，自主生产了。

几千元的纱巾，上万元的包，数十万的手表，并不只是因为它们的原材料和制作工艺有多优越，而是因为它们是品牌，是形象和地位的象征，才让客户趋之若鹜。只有品牌化运作，才可以将“薄利”变成“暴利”，才可以避免“电商只有血拼价格战”的恶性竞争，才可以抵挡住大浪淘沙的考验。

第 2 章　硬广告与湿营销

互联网营销同传统营销的区别是表现形式和平台的不同，但最终的目的都是让更多的人了解产品。传统营销的电话营销、派单、陌拜、媒体广告、户外广告等任何的营销及广告，都是为了让更多的客户从“了解产品、熟悉产品、购买产品、二次购买”，最终成为品牌或产品的忠诚客户。

2.1 互联网营销的五个目标

在互联网营销中，线上宣传的目的主要有以下几方面：

1．保证知名度

知名度是互联网营销必遵的法则。绝大多数的知名企业，每年都会花很多资金，保证自己的公司网址在百度、谷歌、搜狗等搜索引擎的排名。就像传统企业愿意不断花钱做广告一样，“网络广告位”和“排名靠前”就是知名度的保证。

2．增加浏览量

传统企业商铺经营，无论是开张时的舞狮、歌舞表演，还是后期不断做的各类促销活动，都为让更多的客户上门。在互联网做线上营销，同样要保证网站的浏览量。网站的浏览量与下单量成正比。受网页设计、产品价格等综合因素影响，流量少的网站不一定成交量低，但流量高的成交量一般不会低。

3．加强影响力

互联网营销需要不断的造势，这一点跟娱乐明星的炒作相似。通过一系列的造势、活动、策划、事件，加上各类付费的营销推广，以加强品牌在互联网的影响力。影响力将直接关系到产品的知名度和品牌价值，最终的目的仍然是引起更多的关注度。

4．提升注册量

腾讯游戏、社区、视频等众多产品，都不是第一个推出市场的。但却打败了几乎所有的“第一运营商”。除了腾讯的创新功能外，庞大的用户群体功不可没。在互联网界，谁拥有了注册客户，谁就有了话语权。尤其在几年前，不少社区论坛的运营方，花钱推广只是为了提高注册量。

5. 促进成交比

保证知名度、增加浏览量、加强影响力、提升注册量，这些“目的”仅仅是实现最终结果的前期铺垫。如果知名度有了、浏览量提高了、影响力扩散了、注册量也不少，但最终没有成交、没有盈利点，这样的平台很难有持续发展的后劲。新浪微博就是由于拥有了客户群，却一直找不到盈利点，才最终“难逃”被阿里巴巴入股的结局。或者说，即便阿里巴巴对新浪微博是志在必得，如果新浪微博能提早找到盈利模式，18%的估价也肯定会远超现在的5.86亿。

2.2 互联网营销的“哼哈二将”

互联网营销的表现形式，相对传统营销渠道来说，要少很多，但方式却是多样的。简单划分的话，互联网营销推广有两种方式：“硬广告：付费推广”和“湿营销：免费推广”。

上个章节说了互联网营销推广的五大目标，企业通过“硬广告”可以更直接、更快速地将产品推送到亿万网民的电脑前。

付费推广的表现形式主要有三类：

（1）竞价

搜索引擎掌握了传统互联网的入门门票，百度、谷歌、搜狗、搜搜、有道、必应等便是互联网入口的“门神”。通过支付费用，购买与产品对应的关键词，以竞价的方式，优先展示在搜索引擎的推荐位，这就是竞价排名。目前常见的形式有：

CPC：每次点击成本（在广告投放过程中，单个用户点击广告的广告成本）；

CPA：每行动成本（按广告投放实际效果，每客户产生下载、下订、安装等行为成本）；

CPM：每千人访问成本（在广告投放过程中，听到或看到广告的每千人广告成本）；

CPR：每回应成本（按照浏览用户每一个回应计费）；

CPS：实际销售付费（按实际销售成交量来定）；

CPD：按天收费（按照广告投放每天点击量计算）；

其中CPC、CPM更被平台和客户喜欢。

（2）联盟

在网吧上网，当网民通过百度搜索时，网吧已经在搜索过程中获益了。通过网站代码、搜索框、软件等，为网民搜索的关键词，进行智能匹配、推送，这种多数是联盟的付费分成广告。现在比较大的联盟，如百度联盟、站长联盟、阿里妈妈等，都有大批的站长合作。细心的网民会发现，昨天刚搜索了河北特产，第二天打开网页，所有的广告推送都与河北特产相关，这就是定向精准营销的高明之处。网站站长通过和搜索引擎或其他门户合作，当客户点击推送的关键词匹配广告时，发布广告的企业主就会支付费用，而这个费用再由站长和平台方来分成。

（3）广告

打开腾讯、新浪、搜狐、网易、阿里巴巴等资讯类的网页，除新闻链接外，其他广告性质的文字、视频、图片，都是通过付费方式获取的。图 2-1 为搜狐网的报价（仅供参考，与实际价格有误差）。企业通过支付费用，借助门户网站的浏览量，进行广告位营销。这种销售的覆盖面非常广，一般大中型企业，尤其快消品行业在新产品上线、优惠促销等活动时会选用这种方式。

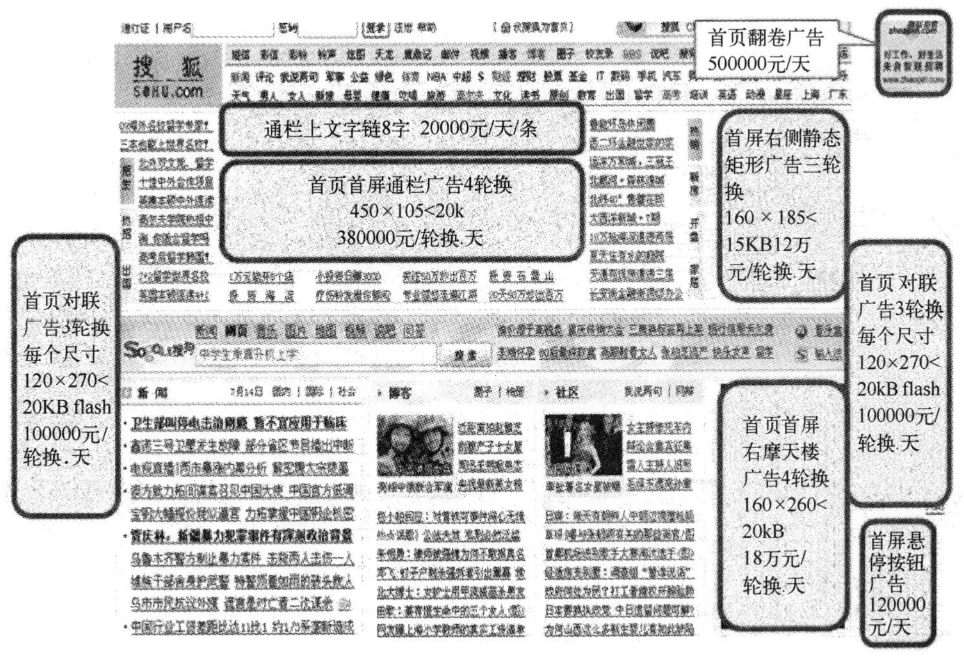

图 2-1　搜狐网广告报价参考

（4）其他

其他的广告形式则依附于独立平台之内，例如阿里巴巴的网销宝、标王、黄金展位、白金展位、如影随形等。

付费推广的效果最直接。大型企业的付费推广，并不只是为了提高产品销量。大量的曝光，可以提高品牌的附属价值和客户的忠诚度与黏性。比如可口可乐、肯德基、脑白金等，每年都会拿出公司营业额 20%甚至更高的预算来投放广告。目前可口可乐的品牌价值已达到 778.4 亿美元，在这七百多亿的品牌价值中，广告宣传功不可没。

2.3 初识“社会化媒体营销”

对于中小企业来说，一般很难承受金额巨大的付费推广。但鉴于互联网开放、包容的平台特性，很多人开始钻研免费的推广技巧和方式，社会化媒体营销正是基于这样的原因而诞生的。

社会化媒体营销是指利用社交网络、社区、博客、微博、视频、问答、即时通信、音乐、相册、网络书签、百科、RSS 阅读、网络游戏、电子商务、点评、社交网络聚合等，或其他互联网协作平台媒体，进行营销、宣传、推广、客服、公共关系等维护、开拓的一种方式，如图 2-2 所示。

相对硬广告而言，社交媒体的表达方式更为隐秘。通过社会化媒体工具发布一些单纯的广告内容，很难吸引客户关注，自然也就达不到营销目的。所以社会化媒体工具的最大特点是“隐”，运用免费的社会化媒体营销，必须达到“随风潜入夜，润物细无声”的境界。这样才能让客户在关注社会化媒体平台内容的同时，潜移默化地认可你的信誉、品牌、产品，并在无形中作为传播载体而二次传播。因此，免费的社会化媒体营销，也被称为“软营销”“湿营销”。

通过社会化媒体营销综合图可以看出，较早一批的互联网营销工具，如 RSS 订阅、网络书签等，已随着新社会化媒体工具平台的发布而退出历史舞台了。而一些消费点评、社会化电商、团购等网站经过“互联网发展的洗涤”，有逐渐合为一体的趋势。另外，随着博客逐渐延伸到微博，视频开始转向手机视频，社交游戏逐渐向手游转变，商务社交网络也被逐渐兴起的“内部人脉圈子平台”而抢走大批市场。

社会化媒体营销的残酷之处就在于此。当推出市场的新平台吸引到客户重视时，原先的旧平台便会被客户“抛弃”，而客户在哪，营销的切入点就在哪。所以那些被大众逐渐抛弃的平台，其营销的价值也就随着客户的流失而逐渐消失殆尽。

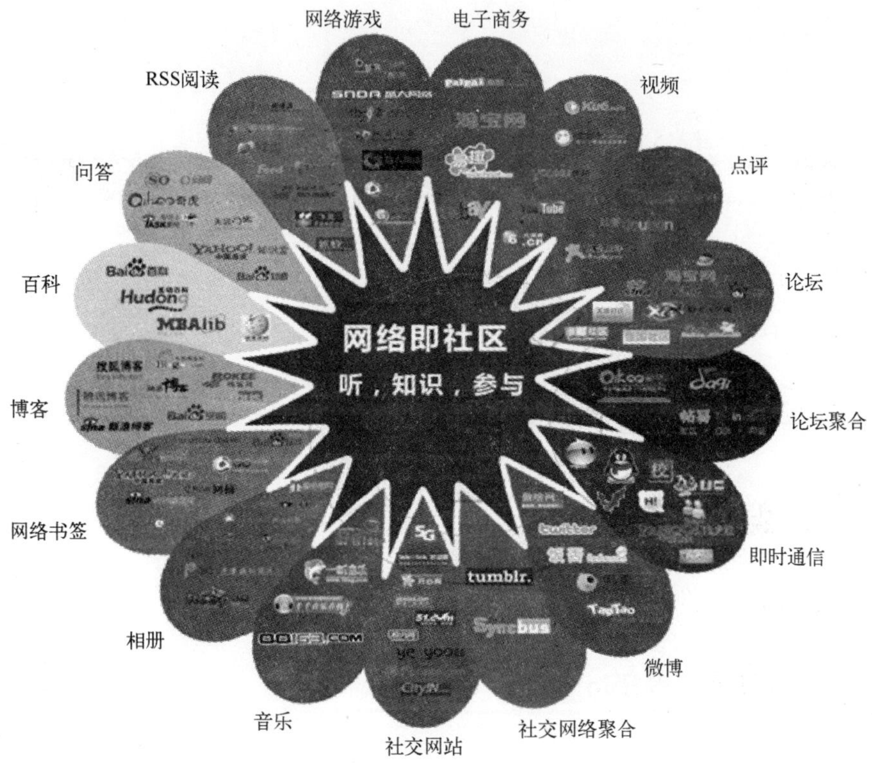

图 2-2　社会化媒体营销

目前，社会化媒体营销最广被使用的是微博、微信、微视频等以移动互联网（手机、平板电脑）为载体的工具。基于社会化媒体营销的基础，最新的社会化媒体营销也被广泛定义为“微营销”。

第二部分　微博营销实战策略

第3章　微博营销——“小微博，大营销”

3.1　了解微博的过去、现在

3.1.1　微博定义

微博，即微博客（MicroBlog）的简称，是一个基于用户关系信息分享、传播及获取的平台，用户可以通过 WEB、WAP 等各种客户端组建“个人社区”，以 140 字左右的文字更新信息，并实现即时分享。

微博是博客的替代品，也是与博客之战的胜利方。博客的字数一般在 2000 字或以上。通过一篇文章，将公司产品信息、内链、外链、关键词等信息巧妙地植入文章，就算是一篇成功的“博客营销”范例了。但博客营销实际操作并非如此简单。首先需要对事件做系统的策划。先确定主题，例如这篇博文的主题是写公司的某位客户感觉公司服务和产品很好，然后又介绍朋友成为新客户。看似一件简单的事，但如果我们直白地写出来，就没有趣味性，也就很难引起读者兴趣，营销的价值也就无从体现。确定了主题，接下来需要确定写作手法，用很好的文笔将整个事件叙述出来。

策略、定位、分析、文笔，只有面面俱到，才能引起读者的观摩、传播，但这几点能力并非所有营销人都能具备。尤其是文笔，很多营销人没有写作基础，不会长篇大论。这时候，微博出现了。

3.1.2 微博的发展历史

最早的微博是美国的 Twitter。2006 年 7 月，Twitter 向公众开放。简单的操作方式在短时间内吸引了大批客户。而此时王兴（饭否网创始人）看到了微博的前景。2007 年 5 月，饭否上线，成为中国微博第一个尝鲜的平台。自此，做啥、腾讯滔滔、Plurk、嘀咕、聚友、139 说客等一系列与微博相似的平台陆续推出。

2009 年在微博史上，注定是最难忘的一年。6 月 3 日，中国互联网大整顿，饭否暂停服务，7 月包括饭否、叽歪、嘀咕在内的所有微博平台被暂时关闭。

此时社区、BBS、博客仍然是社会化媒体工具的主流，多数网民还沉浸在偷菜的游戏中不能自拔。也正是此时，作为“后起之秀”的新浪微博正在悄然布局，并于 2009 年 8 月上线。12 月 14 日，搜狐微博上线；12 月 22 日，人民微博上线；2010 年 1 月 20 日，网易微博上线；2010 年 4 月 1 日，“再次复出”的腾讯微博上线。微博的发展在 2010 年逐渐清晰，新浪、腾讯领跑，搜狐、网易紧随。在互联网对微博的整顿后，看到商机的领跑者新浪，终于获取了微博的绝对优势地位。

3.1.3 微博 VS“四大营销工具”

微博独特的特性，很快展示出其作为营销工具的优势。

与短信相比，短信是点对点，而微博则是点对面。

与博客相比，微博可以通过“140 字+图片、视频、长文”的形式，以精炼、精准、精确的方式将信息传递给读者，而博客则需要“长篇大论”。

与即时通信工具相比，即时通信工具的营销特性，导致受众群体面更偏向于关系营销。而微博“博而广之”的特性，关注者或者非关注者，都可以直接通过打开链接主页方式了解。而且微博二次传播的传播波及范围，也远远超过即时通信工具。

与论坛相比，论坛的定位很精准，汽车就是汽车、骑友就是骑友，这种精准性，让论坛集结了一大批志同道合的好友。但微博的标签和内容，也同样可以实现“同类爱好”的用户查询，而且线上就可以发起活动，可以说论坛的绝大部分功能，微博都有了。

3.1.4 常用的几种微博

新浪微博：前期主打娱乐明星牌，目前用户活跃度稳居第一。被阿里巴巴战略入股后，跟淘宝会有后续深度合作。

腾讯微博：前期主打体育明星牌，借助于QQ、QQ空间、QQ朋友等多项服务打通的方式，目前实际用户量第一，但活跃度弱于新浪。目前腾讯主打的是政务牌，政府类微博在腾讯比新浪要多，并且相对更活跃。

搜狐微博：张朝阳在微博之初，曾多次表明对微博的重视，甚至将微博与搜狐的当家产品“视频”放在同等重要的位置。但在实际运作中，由于没有找到合适的突破点，目前搜狐用户数量、活跃度都次于新浪、腾讯。

网易微博：网易微博最大的特色是突破了140字的限制，为贴合“163”，网易微博最多可发送163字。这一点在所有的微博中，可谓独树一帜。但网易微博的运作也一直不温不火。

天涯微博：作为笼络网民最多的天涯社区，天涯微博并没有被天涯独立划分。针对微博，很难感受到天涯的重视度。但不可否认的是，借助论坛的优势，天涯微博的用户活跃度也在不断提升。

人民微博：主要集中于政府、机构、官员类的群体定位，而对于企业和普通个人来说，运作得比较少。它与新华微博定位较为相似。

对于新手来说，建议必选新浪、腾讯微博，备选天涯、搜狐微博。这些微博平台客户基数多、活跃度高、功能配套全、产品综合对接到位，这些优势都是适合微博营销的土壤。

3.2 企业微博运营前期准备

3.2.1 微博名设置三大要素

《论语·子路》曾记载孔子与弟子子路的一段对话，孔子说：“名不正则言不顺，言不顺则事不成。”孔子认为，万物归根，最主要的是名正言顺。如果名不正，就会引发“事不成、礼乐不兴、刑罚不中、民无措手足”的一系列蝴蝶效应，最终甚至影响到国家的治理。

微博名设定将直接影响到营销的效果，因此做微博营销必须把微博名设置好。微博名的设置需要遵循以下三个原则：

1. 统一性

想要微博营销的效果最佳化，应遵守“韩信点兵，多多益善”的原则。如果人力允许，尽可能开通更多的微博平台，每个平台都有独立的客户群体，而且搜索引擎对各个微博平台的重视度都不一样。所以平台越多，营销的效果也越好。

平台多了，微博的名称就必须“统一”，微博名统一有三个好处：

① 微博名的搜索权重最高；

② 客户只需记住一个用户名，在每个平台发布的内容都可以@到；

③ 微博用户名的统一，会给客户留下良好的第一印象。

统一的微博名既便于用户查询，也可以带来操作上的便利性，所以微博名称要尽量一致。本书笔者所有微博 ID 均为“@照关月”如图 3-1 所示。

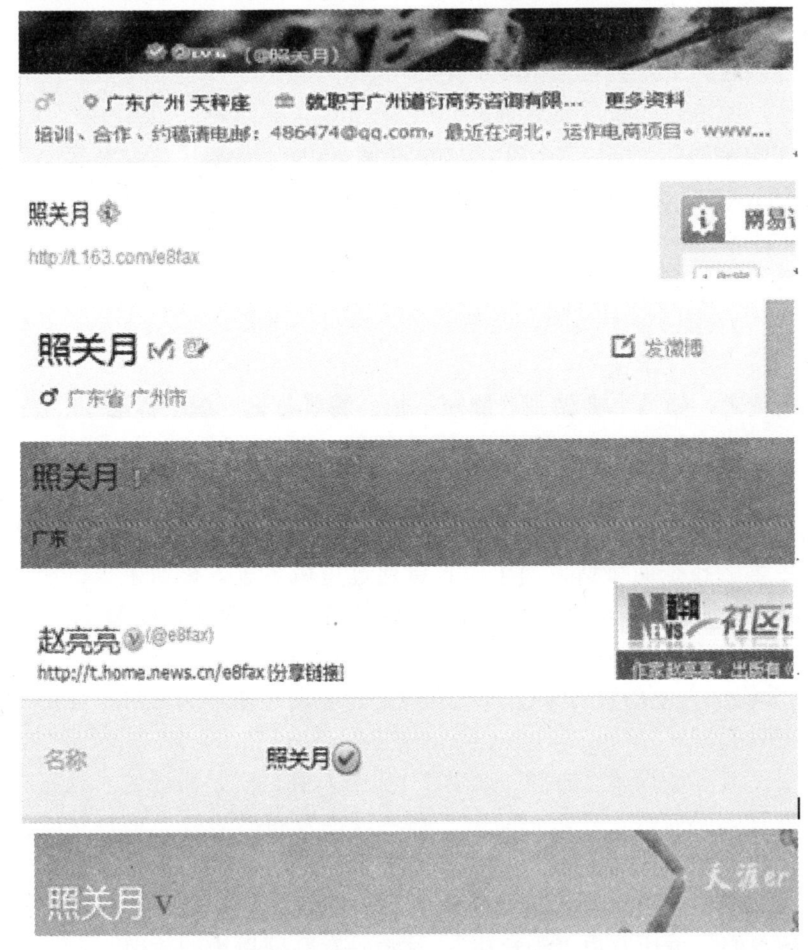

图 3-1　笔者所有微博 ID 均为“@照关月”

2．独特性

微博名想要统一，必须要有独特性。独特性具体表现在不能太大众化。一般情况下，公司名称、个人姓名、产品名称、品牌名称都是微博名的最佳选择。但想要注册到产品名称或个人姓名往往会比较难。因此，在注册用户名时可以采用"公司+个人"，例如"道衍商务赵亮亮"，也可以使用自己的笔名或雅称，或者"地址+产品名"，例如"广州400电话"等方式。

3．易记性

微博名要简单、易记、朗朗上口。一些用户会表现自己标新立异的态度，而选择一些生僻字或火星文作为用户名。过于冷僻的生字，客户如果不懂拼写，对于以后的交流会带来诸多不便。

另外，微博名的长度要尽量保证在3～5字，尽量不超过6个字。

微博的字数限制是140字，如果微博名太长，会占用本来就很少的140字数限制。如果其他用户"@"我们时，可能会因为文字内容太多，而不得不放弃。

最后，微博名尽量不要带标点符号。用手机上网，手机型号的不同，标点符号的输入方式也各不相同。能用文字，尽量不要用标点。对于字母和数字，也要限制使用或定量使用。

总而论之，微博名要做到"**能短不长、简单易记、统一标准**"三个原则。

3.2.2 域名及资料设置五大技巧

域名和个人资料的设置非常重要。域名的作用在于客户在PC端登录微博时，不用再翻找企业微博，而可以直接通过短域名进入微博主页。例如@道衍商务 官方微博,用户只需记住"daoyan35"即可在微博后缀输入即可打开：http://weibo.com/daoyan35 进入。为了方便用户记住域名，腾讯官方还推出了"微号"功能，方便用户将QQ号或其他信息，与微博域名互绑，让用户更直观的进入主页面。

如果说域名是微博官方的"登堂"，那个人资料就是微博的"入室"了。当用户进入官方微博时，了解信息除了翻看以往发布微博外，最直观的就是微博的个人资料介绍。比如当我们将公司的主要信息、促销广告、新品活动、联系方式等在写在个人资料处，就可以省去用户翻找信息的麻烦。让客户可以更直接地了解我们，少让客户"走弯路"，这也是互联网思维的体现。

3.2.3　个性域名

设置好用户名后，接下来需要做好个性域名（URL）及个人资料的内容设定。个性域名的设定原则，应尽量跟用户名相符，或者可以直接设置成用户名的全拼或简拼。例如用户名是“@照关月”，则可以设置成“zhaoguanyue”。也可以借助谐音，例如用户名是“@道衍商务”，则可以设置成“daoyan35（35 谐音为商务)”。

除此外，个性域名可以参考公司的官网缩写。例如公司官网网站是 www.w5m.cn，则可以设置为“w5m”。cn 或 net 后缀的网址，可以考虑把后续加上“w5mcn”，以免被客户误认为是.com 域名。

个性域名的设定也要以精短为第一原则。某些微博平台的用户名可以更改，而个性域名一旦设定，就无法再修改。所以个性域名是识别用户的唯一标准。为了宣传微博，可以考虑将微博链接印在名片或宣传单上，如果域名设置过长，对于排版和设计，也会带来不必要的麻烦。

3.2.4　个人资料设定

个人资料是客户打开微博看到的第一信息，如果想要加大微博营销效果，必须重视个人资料的设定。个人资料的设定应尽量包含以下内容：

（1）最新动态

如果是企业用户，个人资料要尽量说明公司最新的动态或优惠活动，以便让客户及时了解。如果是个人用户，则可以写明自己的最新动态，例如“现在在哪，做什么”等，如图 3-2 所示。

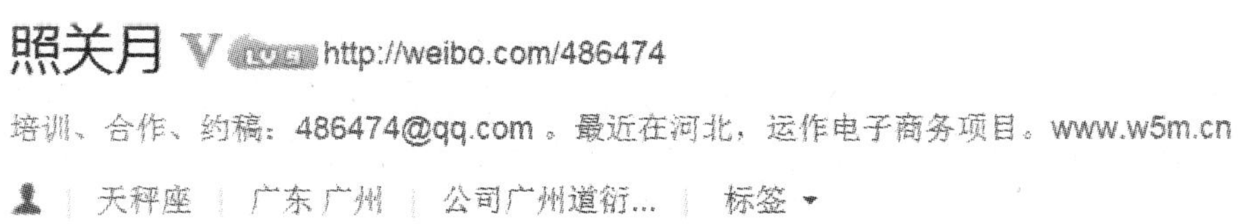

照关月 V http://weibo.com/486474

培训、合作、约稿：486474@qq.com 。最近在河北，运作电子商务项目。www.w5m.cn

天秤座 | 广东 广州 | 公司广州道衍... | 标签

图 3-2　微博个人资料示例

（2）联系方式

微博有私信、评论、转发等多种联络方式，但登录微博有一定的时限性和波段性。用户登录微博，往往是在想发微博或无聊时看微博才会登录。而且当把最新的微博动态全部看完，很少有人还会继续保持微博登录状态。

一般情况下，普通用户登录微博的次数以每天 5～8 次居多，单次登录时长 5～10 分钟居多。从这个数据来看，如果有急事找博主，可能留言、私信内容会在几个小时后才能看到。而此时客户很有可能已经联系你的同行了。而且评论和私信的内容，经常会因为误删或其他原因被直接忽视。所以联系方式一定要有，如果担心骚扰，可以把 QQ、MSN 等在线时间比较长，或者有信息提醒功能的联系方式放上去。

（3）打通“他”平台

微博框架导致展示的内容非常有限，因此在个人资料中，最好填写公司网站或官方博客，便于客户更直观地了解到企业的更多信息。而且通过微博点击到官网或博客，也可以提高官网、博客的浏览量，一举多得。

（4）“全、精、准原则”

部分微博的个人资料可以显示博客、播客、视频等其他信息，可以显示的内容，应尽量填写完整。另外，“关联博客同步”选项要打开。当关联的博客更新博文，系统会自动生成、发送一条“博文名+链接”的微博内容。这样可以吸引一部分读者关注到博客。

3.2.5 让你的企业微博资料“会说话”

企业资料相对个人资料，具有更全面、更商业、更完善的特点。以新浪微博为例，主要包含简介、联系方式、直属机构、微客服、领导人、员工等内容。

个人微博介绍的字数非常有限，但企业微博简介可以输入更多文字。企业资料的书写主要包含以下内容：

个人资料

（1）品牌语

品牌语是最能直观表达公司企业文化、主营业务的语言，如果企业还没有品牌语，建议先设定品牌语。品牌语的设定可以是表明自己的主营产品，例如“我们只销售质量最好的电脑”（卖电脑），也可以是公司名的诠释，例如“道衍：道利商企，衍升不息”等。

（2）主营业务

企业微博就是一个展示的窗口，而最需要展示的就是产品信息。很多企业微博运营者认为将产品信息放在个人介绍处，广告味儿会太浓，这个想法是错误的。一定要记住，企业微博就是为营销、宣传、推广、交流、客户而生的。

（3）最新活动

节日优惠、活动促销、新产品上线、渠道商年会等等，任何最新的公司动态都可以在简介中体现，不仅是为了让客户了解，而且可以让客户感受到公司的实力，并通过活动扩大公司影响力。

（4）联系方式

个人资料联系方式的设定可以不放手机、电话等直接联系方式。但企业资料必须有各类联系方式，在这里总结为“八大联系方式”：电话（或 400 电话）、手机（咨询、售后或投诉）、QQ、旺旺、MSN、网站、博客、邮箱。联系方式越多，客户咨询的渠道才会更宽敞，才能获得更多的询问。

在企业简介下方，有内置的“联系方式”板块，主要包含“联系人、邮箱、电话、地址”。

（5）微客服

微客服的设置可以根据“售前、售中、售后”来设定，也可以根据产品细分（如面膜咨询、洗面奶咨询、润肤露咨询）等，在后台还可以设定详细的咨询时间。

（6）领导人、员工

“领导人、员工”类目的主题可以修改，如果觉得“领导人、员工”太过呆板，可以设置成“大掌柜、店小二”或“大当家的、镖师”等风趣幽默的代号。这也是企业文化的一种体现，还可以让客户感觉到有趣、好玩。直属机构如果有，也可以填写上，以达到交叉链接的效果。

头像

据调查显示，超过 83%以上的用户打开微博的主页时，第一眼看到的是头像。头像是最直观的视觉效果，而且用户可以通过微博头像，来猜测微博主人的性格。

微博头像主要可以从以下 7 个方面考虑：

① 品牌加广告语截图。

② 个人卡通形象（注意仅限个人微博使用，企业微博严禁用个人卡通形象）。

③ 个人真实头像（真实的头像能提高微博的真实性，拉近客户的信任感）。

④ 公司名文字版（可以网上搜索在线生成头像，生成纯文字形式的公司名称图片）。

⑤ 公司产品（让客户更直观地了解到公司是做什么的）。

⑥ 企业或产品卡通人物（例如海尔可以放海尔兄弟卡通像，葵花胃康灵可以放葵花头像的医生卡通形象）。

⑦ 二维码或其他（头像也可以设定为微信二维码，网站、博客二维码等）。

3.2.6　微博营销必知禁忌

要特别强调的是，做微博营销一定要区分好微博的定位。

需要遵守“个人微博尽量不营销，企业微博尽量多营销”的原则。个人专用微博往往有大量的好友关注，如果营销味儿太浓，会引起朋友的反感，也会让计划关注或已关注粉丝产生“广告太多，果断取消”的不良印象。

另外企业微博切记不可用过于个人化、口语化、私生活化的语言发布微博，以保证正面形象不受损。曾有某县级事业单位的微博，头像是某个人素颜照（应该是微博的运营负责人），最新发布的微博内容是“早上吃了两根油条，一碗豆浆，撑死算了”。这种将个人头像、个人生活用语，放在事业单位或企业微博上的行为，就显得不伦不类、贻笑大方了。

最后一定要注意，禁止企业微博一号两用。否则，微博的发送内容不当，会影响到公司声誉，甚至会带来不必要的危机和严重后果。

3.2.7 设置好你的微博“四肢”

1. 微博背景

微博的头像、简介、资料等信息，会随着客户浏览微博的鼠标下滑，逐渐“看不到”。但微博背景却固定存在，不会随鼠标滑动而无法显示。微博的背景图犹如一个影子，而且客户在浏览文字形式的微博时，可能会被背景图吸引。做好背景图，也能达到非常好的营销效果。

背景图可以选择产品图（美工设计过的产品大图）、客户图（客户正在使用的照片，例如百事可乐的微博是客户在尽情享受喝可口的背景图）、广告单（DM 或易拉宝）、产品类目（纯文字形式，例如快书包的背景是“有啥：书刊、零食、饮品、酒、礼品、演出票、书伴儿”）或其他信息（如企业微信二维码等）。

如果不想设计背景图或产品不适合背景太过花哨，可以将背景色设置成与品牌色相符的颜色（如阿里巴巴橙色背景、百事可乐蓝色背景，可口可乐红色背景等）。需要注意的是，背景色不能过于花哨，也不能过于黑暗，字体与背景色不能相冲，应以不影响客户阅读微博为第一原则。

2. 标签

微博是死的，但微博背后运作的人是活的。如何了解到微博背后的人呢？除了头像、背景、微博内容外，还有一条捷径——标签。

标签的特点是可以在最短的时间了解到一个人。例如某微博的标签是“90 后苹果控吃货驴友外貌协会 shopping 彩妆神经大条 K 歌高中生”，当我们看到这位用户的标签，试着闭上眼睛，是否感觉脑海里已经有这个人的形象了呢？

她是 90 后的高中生，可能拥有苹果手机、iPad，甚至 Macbook，比较喜欢各类美食，有时空闲了会去各地旅游，会以貌取人，可能会追韩国明星或快男。她喜欢化妆和购物，有时候很粗心，喜欢 K 歌，性格大大咧咧。这些是第一感觉，但还有一些隐藏在背后的信息，比如：可以给她推荐苹果的配套产品，可以给她推荐一些潮流时尚的服装，可以给她推荐美甲、彩妆、化妆品的本地商铺，可以推荐一些旅游、骑行、自驾游的装备（由于是 90 后的高中生，与汽车自驾游相关的产品应少推荐，骑行或跟团游的产品可多推荐）。

这就是标签的神秘之处。它可以通过短短的十个词，让你了解到这个人。

做微博营销，标签的设置主要从两方面入手：

① 告诉别人你是谁；

② 通过标签找到你的潜在客户，关注他，联系他，搞定他。

通过标签，可以找到兴趣相投的朋友，可以找到潜在的客户，可以找到竞争的同行；通过标签，还可以找到各类产品信息，甚至整个世界的潮流动向。

3．图片展示

企业微博，还特意加入了图片和视频展示。图片和视频展示的主要目的是，通过客户的视觉和听觉效果，让客户获取更多信息。

图片展示，要注意图片的清晰度和拍摄主题。根据后台提供的图片大小标准，先进行修改、美化再上传。图片展示的内容要尽量在 3 张或以上，以避免只有一两张的转换太过单调。图片展示内容可以是公司新闻、获奖证书、新产品照片、公司荣誉等信息。

需要注意的是，对于优惠活动的宣传，图片远比文字更直接，所以已上传的图片展示，至少要有一张是公司的优惠活动图。在活动图中，还要体现“点击了解详情”的信息，以便客户点击跳转到活动的官网，了解更多信息，也可引导客户填写资料直接报名参与。

吸引客户，并且把客户想象成“最懒的人”。为客户提供一站式的服务，才会达到让客户心甘情愿掏腰包“买单”的效果。

4．视频展示

视频展示是“听觉+嗅觉（一些美食行业的视频画面会让人产生垂涎欲滴的生理反应）+视觉”三者结合的最直观的表达方式。受网速等影响，视频的内容不宜过长，尽量保证在 5～15 分钟为佳，不要超过 30 分钟，因为客户没有太多耐心看完。另外视频时间太长，会“喧宾夺主”，可能会让客户忘了究竟是在查阅你的微博内容还是看视频信息。

视频展示内容，可以是公司的媒体采访（创始人、总经理或公司的采访报道）、总经理的活动演讲、大型活动（赞助商或嘉宾）、新产品使用说明或注意事项等。如果没有合适的视频，可以不放。千万不能为了填满内容，而放一些与产品、品牌、宣传没有关联性的视频。

5. 友情链接

社会化媒体营销的至高境界是“打组合拳”：官网、博客、论坛、微博、微信公众账号……每一个社会化媒体工具功能介绍，都可以彼此互联互通。多元化的进驻方式会给客户带来便利服务，并提供更多展示自我的平台。在微博的友情链接处，建议设置的链接是：官方网站（放在第一位）、天猫/淘宝店铺链接（如无官网，则此链接放第一）、官方博客、创始人博客、论坛、专栏、微博（其他平台）等。

3.2.8 扪心五问：给你的微博“把诊问脉”

设置好微博后，第一步就算正式完成了。接下来先不要急于发微博，还需要对自己进行重新的定位和自问。微博营销需要要先扪心自问以下五个问题：

你要写给谁看？他爱看什么？你应该在什么时候写？让谁来写？应该写什么？

这五个问题，是真正开始微博营销之路前的自我诊断。很多微博运营者把这个流程舍弃，结果在运营过程中偏离正道，走了不少弯路。想要做好微博营销，必须先确定自己的方向和方式，这样才会避免南辕北辙、白费功夫的局面发生。

3.2.9 要写给谁看

前面章节曾说过“禁止一号两用”，个人微博和企业微博一定要分开，其实这就是“微博运营自我定位”的第一阶段。首先要确定自己是要做个人品牌，还是企业营销微博，尽管最终的目的都是扩大影响力和知名度，但如果没有了自我定位，往往会背道而驰，欲速不达。

在自问“要写给谁看”之前，需要“自我定位”第二阶段上场了。我们要做好自我形象的定位。首先要告诉我们的听众，我是谁？我是什么形象？并确定一个自我别称。例如，杜蕾斯自称杜杜，一号店自称一哥。

确定了自我别称，还要根据公司产品的形象、特性、客户群体等特征，定位出自我形象的年龄、性别、爱好。例如一号店的一哥，性别男，年龄 35 左右，给人的感觉是干练、白领、豁达、热情、力量等。

确定了自我形象之后，需要了解我们的客户是谁。客户定位原则分为核心客户群、潜在客户群、一般客户群和非客户群。以汽车为例，年龄 35 岁以上的成功人士是核心客户群，年龄 25 岁的青年是潜在客户群，年龄 45 岁的是一般客户群，年龄 20 岁以下的为非客户群。

确定了客户群体的分类后，需要把核心客户群和潜在客户群特别标出。这些客户群，就是我们第一问的“写给谁看”的读者群体。

3.2.10　他爱看什么

确定了客户群定位和分类，接下来需要做客户分析（市场调研）。接上例，35 岁以上的成功人士为核心客户群，这类人往往已经有一定的经济基础，他们更关注的是经济、房产、股票、养生、保健、旅游、投资等信息。年龄 25 岁左右的青年一代往往喜欢时尚、潮流、音乐、明星、个性等相关的信息。

这只是大众化的初步分析，与实际的情况可能会有出入。正确的做法是在确定核心客户群和潜在客户群后，需要及时做客户调研。

客户调研的方式可以采用街头调查、网上问卷、电话访问等方式，也可以委托专业的市场调研公司。但建议企业一定要有自己的调研团队，做一些小范围调查数据，调研公司的数据与实际运作中了解的数据都会有误差。只有充分了解到客户的真实需求和现状，才能在后期微博策划方案中加入客户更感兴趣的内容。

客户调研的内容不能局限于客户喜好，还需要了解到与产品相关的信息。例如：客户一般多长时间保养车？购车的方式主要是什么？一般会选择什么价位的车？对爱车有什么不满？希望爱车可以增加什么功能？

还可以加入新产品上市的调研，例如公司新产品即将上线，在新产品中加入了智能倒车系统，可以在问卷中体现：“如果车内加入智能倒车系统，您觉得有必要吗？在什么价位你能接受？”等等。

也可以通过其他方式了解客户的喜好，例如：你一般购买什么报纸/杂志？你对报纸/杂志哪些板块的内容比较感兴趣？如果已经确定客户爱看的内容，可以加入“如果报纸/杂志中加入有关股票投资或养生保健的信息您会关注吗？”等等。

了解客户爱看什么，才能“投其所好”，才会增加客户的关注黏度，保证微博发送的内容是客户喜欢看的。

3.2.11　什么时候写

现在对客户已经有了初步了解，接下来需要了解应该在什么时候发布微博。微博内容显示是按照时间顺序排列的，尽管后期推出了“智能排序”等功能，但绝大部分用户，仍然会按照默认的时间排序来浏览微博。

用户浏览微博具有“一天多次、一次少时”的特性。如果按时间排序，并且客户关注的微博超过 300 人，将会出现多次可能只看了最新发布的几条微博，就放弃继续下拉观看的情况。此时微博发布的时间与客户查看微博的时间就必须有一个最小幅度的时间对接差，才能保证客户浏览到发布的微博内容。

微博的最佳传播时间是，在发布后的 5～30 分钟内。超过 1 小时，微博的传播性会锐减。在发布的微博内容中，超过 55%的优质微博，都因为发布的时间不对，失去了评论、转发的最佳时机。

据新浪微博商务部的统计可以看出，一周内的微博的评论转发比例相隔并不算大。其中，周三、周四的评论转发最高，如图 3-3 所示。周一、周二，用户需要处理上周遗留的工作问题，并做本周的工作计划，关注微博的时间会少很多，尤其是办公时间。周三、周四是一周中承上启下的稳定期，企业应把握好这两天，可以将重要和重视的微博放在这两天发放，并注意及时与评论、转发的客户互动。

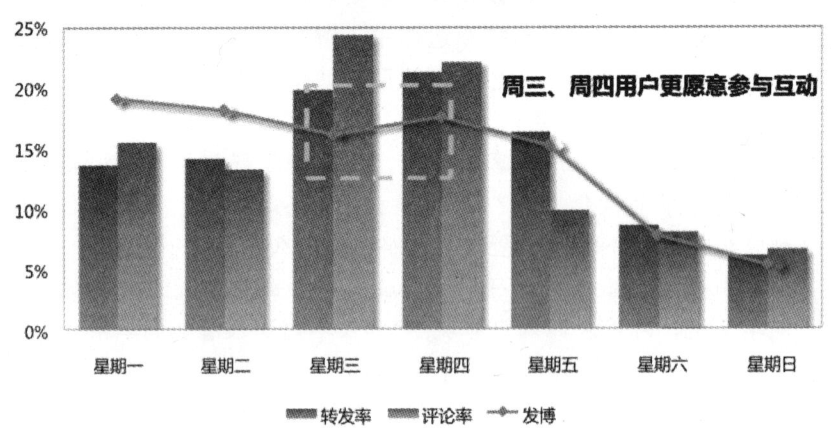

图 3-3　企业发布内容和反馈对比图

一天之计在于晨，微博的首次小高峰期，在于早上 7：00～8：00。这一点不少企业微博运营者都忽视了。“微博控”起床的第一件事，就是打开手机看微博。在这个时间段发布，可以让这批忠诚的“微博控”看到，并引起第一次转发。需要注意的是，这个时段不适合发布过于商业化的微博。

在 8：30～12：00 的时间段，用户会以工作为重，互动的比例下降。

一天当中的第二个小高峰在 12:30～1:30。这个时间段正好是午休时间，吃饭、闲聊、午休时是“微博控”们观看微博最多的时间。在这个时间段发布的微博，转发评论不一定高，但被用户看到的可能性却最大。

14：00～17：00，与 8：30～12：00 时间段相似，互动比例一般较低。

第三个小高峰在 18:00～19:00，下午下班，在等车、乘车过程中，很多用户都是浏览微博打发时间。可以利用这段时间发布微博。

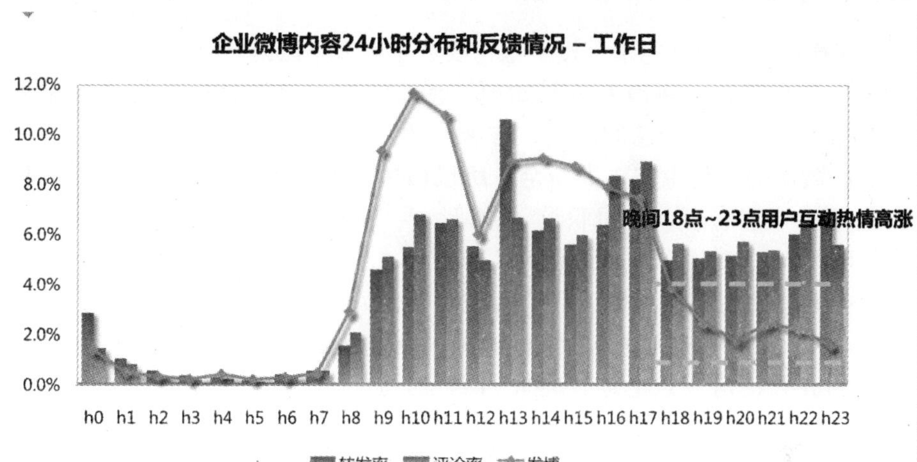

图 3-4　企业微博 24 小时分布及反馈情况图

第四个小高峰在 21：00～22：30，午饭过后，准备休息，临睡前与微博说晚安。这个时间，也是一天中最轻松、最休闲、最自我的时间段，用户在这个时间段的浏览量也是一天中较高的时段。

在企业微博的运作中，很多微博运营者，并没有明白微博运营与用户的关系。微博运营人员也是公司职员，上下班的时间与普通用户一致。因此，不少中小企业的微博运营人员，都按照自己的作息时间来发微博。而上班时间发布微博，用户正好在工作，这种时差会直接导致：用户休闲时，企业微博也在“休闲”；用户上班了，企业微博也“忙”了。这个“时间差”所导致的直接后果是企业微博互动性特别差。

“想要钓到鱼，就要跟鱼一样思考。”同样道理，想要钓到鱼，就要做条鱼。

根据产品和客户群的特性不同，发布时间也应做灵活调整。

举例，如果产品针对的客户群体是夜班工作者，晚上发布的微博就需要占有一定比例。总之一个原则：客户在什么时间浏览微博的可能性越大，发布微博的频率就要集中在这个时间段。微博内容的发布也要注意，早晚时间段不应发太商业化的微博，否则很容易引起客户反感而取消关注。

针对多个微博运作及运营人员不一定时刻在线的问题，运营者可利用手机、平板电脑多渠道、多平台发布。对于条件不支持的员工，公司可以配备微博内容发布人员专业的智能机及设备。除此之外，也可以通过微博通、皮皮精灵等微博运作平台，定时发送或一键同步。通过这些工具，可以设置微博发送的时间，也可以发布一条微博即同步到所有平台。

3.2.12 应该谁来写

发布微博的时间确定了，接下来需要决定谁来写微博。

熟悉博客营销的网销人员都知道，博文素材的起源最好是公司的相关信息。例如可以是公司老总的感悟、与客户的交流(或客户的感谢)、员工的出外活动等。微博的素材也需要大而全，所以微博的写作者（或素材提供者）可以从企业老总/中层管理、公司职员（微博运营人员）/基层管理、经销商/客户三方面入手。

企业老总的主要工作是运营个人微博，个人微博结合企业微博，可以将两者的粉丝集合。在扩大个人品牌的同时，也增强公司品牌的影响力。潘石屹、王利芬等在这一点上运作得非常到位，此书后文的实战运作中会有详细案例解析。

员工（微博运营人员）的素材来源和写作方式可以多样化。但在运作过程中，有四个原则必须遵守：

（1）慎言

如果微博是一扇对外的窗户，那微博运营人员，就决定着这是一面“广招客户”的窗户，还是“自毁形象”的窗户。一旦确定了身份，首先要自我告知：我代表的是公司，我是企业幕后的新闻发言人，我的言语至关重要，不能因为我的言行，让公司背负沉重的负面口碑。这不是危言耸听，已经有不少由于微博运营人员操作不当，而导致负面信息缠身的先例了。

（2）厚积

看似 140 字的微博运营非常简单，实际上微博运营人员需要兼备文案、编辑、推广、策划、素材、图片、内容等多方面的综合素质和能力。因此，在确定微博的定位后，需要做好充分的准备。一般情况下，需要提前一周确定微博的内容和素材，并细心观察身边的事和最新的时事新闻，保证在“充分准备”的前提下，还要“新鲜及时”。

（3）坦荡

微博是一个开放的平台，畅所欲言，赞赏有之，负面的信息也不会少。遇到有关竞争者的负面信息，作为同行千万不能有“落井下石、转发扩散”的行为。合格的微博运营人员，首先要保证自我形象的良好和健康，不轻易评论、传播同行负面信息。否则既会加大同行的“怨恨”，也会让客户产生不够坦荡、心胸狭窄的印象。针对同行的负面信息，不闻不问，必要时可以适当表达自己的观念，或“自证清白”。

（4）严谨

微博用户的特色是“千姿百态，百家争鸣”。在这些观点中，有健康的信息，也有色情、反动的信息。微博运营人员要切记：关于色情、反动等的不良信息绝对“不评、不转、不发、不议”，一旦触碰到“高压线”，后果将非常严重。

3.2.13 写什么内容

内容是考量微博运作是否成功时比重最高的选项。好的微博内容，可以保证吸引到的客户中，核心和潜在客户会占到一定比例。而且发布的内容“新粉丝持续关注，老粉丝不会取消关注”。

内容将直接影响到微博营销的营销效果，由此可见，微博内容的重要性和“艰难性”。

3.2.14 微博内容设计原则技巧

营销学有 80/20 原则，但在微博内容设置上可以参考 70/30 原则：

转发与原创的比例要控制在 70∶30。

原创的 30%的内容要与产品相关，自原创在全部原创中的比例要占到 30%，而自原创的内容中要有 30%与产品有直接关联。

企业微博要表现出“包容、大度、随和”的姿态，不能全部是自己的原创内容，以免给人留下难以接近、自说自话的冷漠印象。同时，企业微博也要树立有“原则、立场、态度”的姿态。

转发的比例不能超过 70%，超过 70%会让粉丝产生“没有原则、没有观点、全部是转发”的感觉。这两种形象是一种双面的姿态，所以这一点微博运营人员必须做好分配。

转发的微博可以是本行业内的最新动态（发布载体是媒体最佳，不能转发同行发布的信息），也可以是国家政策、时事解读等信息。

原创微博分为“伪原创、自原创”两种，“伪原创”是指借鉴他人的微博内容，经过少量整改发布在自己的平台上。要注意“伪原创”的选择必须不是他人观点的解读，一旦曝光，会让用户感觉不真诚。“伪原创”的素材可以是“人生感悟、生活常识、为人处世、休闲娱乐、职场情感”等大众化、喜闻乐见，或者可以给用户带来生活经验、心态改变的段子。

3.2.15 原创微博创作四大要素

原创微博的创作，要注意以下几点：

（1）分成“1、2、3”

一个包含分段内容的段子，可以使内容更加条理清晰。如果用数字分段来标示，会让用户产生“这是一条集众多知识点于一体的段子”，从而愿意转发到微博。而且条理分明的微博，也会让客户看得更轻松。从用户喜好方面来说，这类微博的转发比例要远远高于没有分层级段落的微博。

（2）配图必须有

文字阅读，是用户“口眼心脑意”五者融合的感官结合。面对数千条微博的文字，很多用户都会一扫而过，不愿意分神去看每一条微博文字。加上配图，可以让用户更直观地了解到微博的主题。所以配图需要注意以下几个方面：

① 必须要有配图。

② 要切合文字内容。文字内容与配图必须相关，否则有不如无。

③ 要有趣。有趣的图片更容易引起转发的欲望。据调查显示，超过80%的用户会转发与文字无关，却非常有趣的配图（只因配图而转发）。

④ 包含公司信息。微博运营人员要善于捕捉生活中的镜头，对于原创的照片，要配上产品信息，例如微博 ID、官网网址、公司名称水印等。要注意公司信息不能占用太多板块内容，不能喧宾夺主，或让客户感觉到广告意味太浓，而引起反效果。

（3）注意话题（##）的设定

微博内容输入“双#号”，则代表这是一个话题。微博运作必须要有自己的话题。话题是内容的积累，日积月累，客户可以点击“双#话题”而查阅到以往所有相关的话题。话题设定要巧妙，有针对性，例如“#39 天写本书#、#照关月谈#、#照关月谈诗词#”等话题，如图 3-5 所示。

自原创的内容可以从个人专业、行业新闻解读、生活自感悟等方面入手。平常要注意创作素材的收集，成功不能一蹴而就，而是靠日积月累。

3.2.16 企业信息微博素材设计五要素

对于带有企业信息的原创微博素材可以从以下五个方面入手：

1．产品特性（产品）

以产品特性作为卖点，通过图文、视频的形式表现，吸引客户直接产生了解的欲望，进而购买。

2．客户感言（客户）

自原创内容可以将淘宝店、官网、线下客户的一些评论作为素材发送。对于微博中一些@到自己的赞赏，也可以适当转发。这是给其他客户的一个信号，因为客户的认可，比自吹自擂更具说服力。

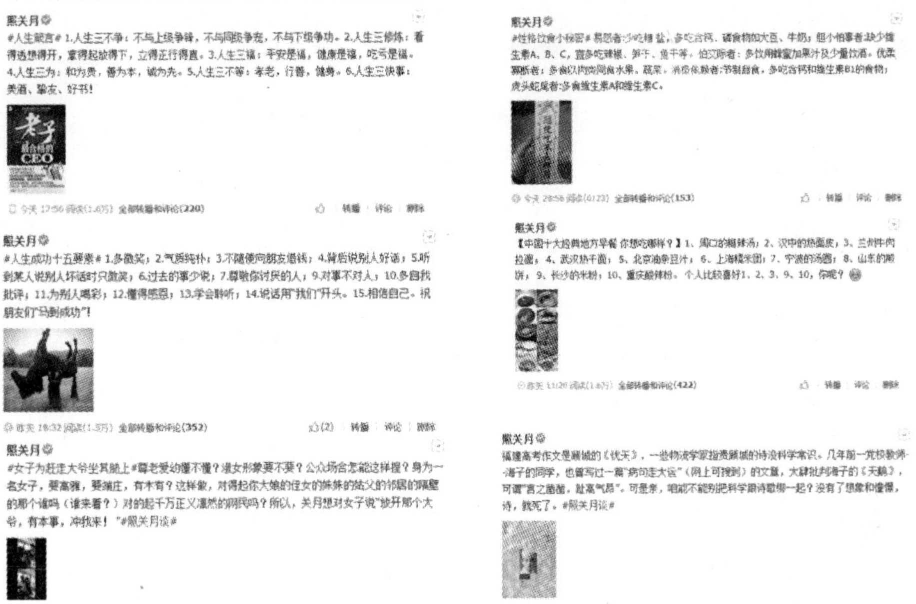

图 3-5　微博内容发布参考图

3．内部管理（企业）

对于企业运营中的一些案例，也可以放到微博上。例如公司老总为每个员工配发了一盆绿叶盆栽放在电脑前或者赠送过生日的小礼物等等。这些微博，可以让客户感受到公司的人性化管理，从而相信在这样环境下工作的同事，肯定会尽职尽责，生产出来的产品和售后服务也一定不会有问题。

4．产品关联（附属）

如果公司主营的产品是服装，微博内容可以发布一些服装搭配、设计等相关的内容。还可以发送瘦身、健康、饮食类的信息，不需要过多地说自己服装有多好，而是让客户能从你的微博中有所收获，有所感悟，并记住你，这就是一个成功的微博了。

5．优惠活动（新闻）

对于企业微博的忠实粉丝来说，优惠活动是提升下单率最直接的方式。一些真正的优惠活动，很多用户并不反感。要注意的是，活动优惠幅度一定要大，让客户感觉到是真正的“回馈客户”，而不是为宣传造势的“假活动”。另外优惠毕竟涉及广告，发布的频率不能太高。

3.2.17 微博内容“六不”准则

微博运营者要有灵活、随机的特性，在撰写微博过程中，需要注意“六不”准则：

1．不愤青

微博是倾诉的平台，也是抱怨的平台。通过微博，每天会了解到各类或真或假的负面信息。作为企业官方微博的运营者，一定要注意绝对不能以“愤青”的态度来发送、转发微博。切记，企业微博就是宣传企业的，不能添加任何个人的色彩。

2．不自我

微博的用户群体各有喜好，众口难调。但通过仔细分析，肯定可以找到核心和潜在客户群的爱好点。做微博内容，运营人员不能把个人喜好当做大众喜好，认为“我喜欢看的内容，客户肯定也喜欢”，这种做法会让客户逐渐流失。微博是给客户看的，而不是给你自己看的。

3．不硬广

“本公司新推出一批产品，价格优惠，质量可靠，欢迎来电咨询，电话：010-********。”看到这样的广告，你有转发的欲望吗？恐怕只会引发取消关注的行为。微博同所有社会化媒体工具一样，应拒绝硬广告。如果把客户当成广告的接受者，客户肯定会报以“取消关注”。

4．不死沉

微博的发送数量和频率，应该根据之前搜集到的客户信息做适当调整。微博发布频率不宜过低。没有持续更新的微博，没有定期的微博内容发布，这样的微博自然不会有营销价值。

5．不死发

腾讯微博有一位微博数超过 170 万条的博主，开博时间 2 年，平均每天发送 2000 条，折合每小时 90 条。这样的发布频率足以吓跑所有正常的关注者。微博发布的频率过高，会让客户产生被刷屏的感觉而取消关注。所以微博发送保证在每天 10～15 条即可，尽量不要超过 20 条。

6．不另类

具有创意的微博，很容易引起用户的兴趣而得以传播。但另类的微博则是危机事件的“导火索”。做微博内容，要采用大众的思维，比如大多数普通人会产生反感的人生价值观。如果以标新立异的理解来公开支持，就会“引火上身”，被认为是借机炒作而被激愤的网民将枪口对准自己。不要考验网民的耐心和冷静，任何不当的论点都会成为“网络炮火轰炸”的目标。

3.2.18　别把你的微博做成“小三”

好了，微博的前期准备基本上已经完成，接下来就是真正运作前的最后准备了：给你的微博一个“名分”（身份）。

微博认证，相当于博客的名人认证。微博用户鱼龙混杂，为了区分“真身”，便有了微博认证。作为企业微博的运营者，现在要做的就是给自己一个“名誉”，让客户知道，你是真的“原配”，而不是“第三者”。

微博认证主要有六大作用：

1．告诉用户你是谁

通过微博搜索，输入任何一个明星的名字，都会出现一串姓名、头像、介绍、内容等与明星相关的用户。这时很多用户会疑惑，到底哪个是真的？企业微博也是如此。如果你不想让客户不相信你，那就通过认证渠道提交资料，用认证资料告诉客户你是谁，确保你的真实性。

2．第三方认证荣誉

资料认证并非企业自主处理，而是交由微博平台审核处理，因此这个认证具有一定的“含金量”。第三方的认证会给微博提升形象并加分。例如一个认证为“作家”的个人微博，结合“文化产业”的官方微博，这种组合会让客户感觉更可信。

3．获得优先推荐

认证的微博，会被微博平台自行分配到“名人堂”的分类板块，并且微博平台会优先推荐认证的微博内容。获得推荐，才可以获得更多的关注和转发。

4．搜索引擎收录

通过搜索引擎搜索微博用户名，对于已经认证的用户会优先收录。而且收录的微博内容，会多于未认证的微博。

5．独一性（虚荣心）

微博搜索时，同类或相近的用户名会全部出现，但认证的排名会在第一位，并确保认证资料的唯一性。另外认证的微博，也可以满足一部分用户的虚荣心。

6．不登录查微博

在没有登录的前提下，未认证的用户微博内容是无法查看的。而已认证微博可以查看到微博的头像、个人资料、认证信息、图片、视频和最新发布的五条微博。

企业微博的认证相对简单，只要打开所在微博平台的“认证”链接，下载认证公函，填写盖章后连同营业执照、证明、身份证等相关信息上传，等待几天便可认证。

新浪微博普通企业最多可认证三个企业账号，建议选择公司官博、产品账号和客服账号。对于企业总经理、管理者和职员认证，只需开具公司证明即可。

需要注意的是，微博用户名一旦认证，微博名就无法自行修改，如有修改需要还需要提交微博主办方，二次确认后才允许以新用户名认证上线。另外，新微博名通过认证后，原用户名将会直接以“抱歉，该昵称目前不存在”的提醒出现，容易引起老粉丝“是否被封号”的误会。因此在认证前，一定要把微博名确定好。

对于微博认证需要有良好的心态，一些用户会认为“认证微博就是虚荣心作怪，我就要做草根”。当然，如果你是名人，可以不认证，照样有大批的关注者，但如果你不是，请正确看待微博认证。做微博营销，有一个原则就是：“不要太把自己当盘菜。”

3.2.19 给你的微博找个“好保姆”

微博身份有了，接下来需要找专业的人员维护。微博就像一个孩子，需要定时、定期地维护，维护的内容包含发表、回复、转发、私信、互粉、搜索等。

微博发布在之前已经讲过，客户的微博评论一般包含咨询、质疑、赞赏、贬低、打酱油五类。对于这些评论，都需要及时回复。一些优质的评论，也可以转发。

及时的互动，可以让客户感觉受到重视，提高客户黏性，拉近亲切感，打消提问者和所有关注粉丝的疑虑，增加客户对品牌的信任度。

另外，微博也是一个与客户交流的平台。

客户是产品的使用者，他们反馈的信息，对于产品的改良升级非常具有参考价值。客户的评论和建议，可以由专门的运作人员整理收集，并反馈到产品研发或设计部门，提高产品性能。

微博也是一个售后的平台。

及时的回复，真诚的解释，勇敢的担当，都会给客户产生“售后可以”的正面印象。

对于一些不方便直接回复，或直接回复可能引起客户不满的内容，可以通过私信方式联系，经过私密化的处理后，再广而告之，这样可以避免正在愤怒状态的客户，因为失去理智而使局面变得无法收场。

微博还是一个收集同行信息和客户资料的平台。通过微博搜索功能，将标签、产品、品牌等作为关键词进行搜索，可以关注同行的微博，扬长避短，向同行学习。也可以直接搜索到潜在客户，并收集客户信息，选择恰当的时机与客户接洽。

第 4 章　微博营销“十二剑”实战兵法

经过一系列的分析、准备、设置，微博已经成为一家装修妥当的“店铺”，只需摆上商品、招揽客户即可销售了。接下来需要了解的是如何通过运营技巧，将“产品”（微博）更有效地销售出去。

4.1 把握热点：借势起东风

在营销界，做事件策划需要明白：如果资金不够充足，就尽量不要自己造势，而要学会借势。通过热点新闻或热门事件，巧妙地结合企业信息，作为话题的主导者或评论者，达到借风而起的效果。最成功的借势，可以让用户忘记事件的发起人，而将议论的主题放在“搅局者”上。

每个官方微博平台的管理员（如新浪、腾讯、搜狐、网易等），都会通过用户发布内容的数据分析，将短时间内微博发布内容中所包含的关键词提炼出来，然后根据数据分析，决定是否将这类关键词设置为“热门话题”如图 4-1 所示。

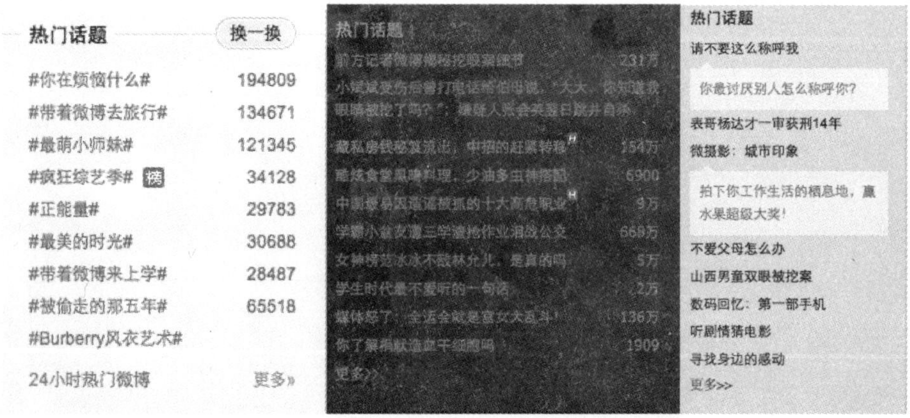

图 4-1　新浪、腾讯、网易微博热门话题

所以很多突发热点新闻的第一传播渠道载体，不是电视、广播等媒体，而是微博。一旦出现新突发事件，当地的微博用户便会将信息发在微博上。当同一时间在同一地点有超过一定比例的用户都在发布相同的突发信息时，微博官方运营管理人员就可以断定此内容的真假了。而此时，传统电视媒体的采访者，可能还并未录制好相关的新闻报道。

平台的热门话题已经是众人探讨的“势”，作为普通草根运营者，自己发起的话题很难成为热门话题，但可以借助热门话题，将自己的声音放出去。例如，前不久热门的话题是#新生报到#，可以将微博内容发布为“#新生报到#+个人观点”。当其他用户点击热门话题中的#新生报到#时，会跳转到#新生报到#的单独页面，这时我们的微博就会放在最前方。

如果微博点评内容能引起其他用户共鸣，则会得到用户的转发。如果评论或转发数量达到系统标准，管理员或系统会自动推荐为这类热门话题中的“热门观点”，并将微博置顶在恒定的#热门话题#位置。这样我们的微博被传播和关注的可能性就会大幅提高。达到了这种效果，就是成功的“借势”。

需要注意的是，为了表明自己的独立性，不同的微博平台摘录的热门话题，重合的部分比较少。通过上图“新浪、腾讯、网易”的热门话题截图，可以看出三家平台推荐的话题，几乎都各不相同，而且每个平台的热门话题种类都比较多。因此，微博运营人员在挑选热门话题时，要根据自己对事件的了解，加上媒体宣传的侧重比例，再加上所在微博的主平台推荐（主平台是指用户如在新浪、腾讯、天涯、搜狐、网易等都开了微博，粉丝多、互动性较好、微博首发的平台即为主平台）内容，选择合适的热门话题。

借助热门话题，还可以通过多种巧妙的植入，将产品信息通过图片、文字、视频的形式展示给客户。

4.2　言简意赅：微博文案技巧

微博的成败，取决于文案的好坏。虽然微博可以通过视频、图片结合文字的形式展现，但文字仍然是微博的主要显示内容。而且搜索引擎和微博搜索还收录不了图片和视频内容，所有微博平台目前只开通了文字搜索功能。所以，微博内容的写作技巧至关重要。

一些微博运营新手会把微博当做博客，直接将博客内容分割成一条条信息放在微博，一篇博文需要拆分成十几条微博。将长篇博文以分条微博发送，会有时间差，原本想达到的目的是让客户按顺序看到，但客户不可能只关注一个微博。如果你分为十条微博，发送所需时间为 3 分钟，在这 3 分钟内，客户关注的其他微博博主发送的内容，就会阻断微博全文的整体性，导致阅读中断。而且在极短时间内发布多条微博，也会有刷屏之嫌。

优质的微博内容会以精简、幽默、好玩的方式出现，以图 4-2 所示这张在网络流传颇广的图片为例。

图 4-2

图片中一个白发老奶奶半侧身，旁边是满三轮车的橘子。图片的背景，是比较破旧的房屋，还有两个正在煮饭的半身人图像。老奶奶、破旧房屋、三轮车、地摊，却很少有人会关注到这张图片的这些信息，因为有四个字，盖过了这一切：甜过初恋。

橘子酸酸甜甜的口味，正像初恋的感觉。但只有年轻人才常谈初恋，一位白发老奶奶的侧脸和背影，普通的三轮车和破败的背景，让这幅图的对比，马上很直观地体现在眼前。令人深思的是：这位老奶奶是在想自己的初恋吗？物欲横流的时代，还有真爱吗？

引起的遐想越多，包含的信息也会越多。这样的内容便因为简单四个字的文案而起到画龙点睛的效果。微博文案的重要性，就此体现无疑。据保守估计，这张图片的用户覆盖数量应在数千万以上，如果能插入产品信息，就相当于给数千万的用户做了定向的免费广告。

微博运营人员需要记住：微博得以面世，是碎片化时代的必然产物。没有哪个用户愿意听你单调地喋喋不休。能用五个字说明的事，别花太多的文字去解释。你对微博的客户简单，客户也会“简单”地对你。

文案设计“三要么一要么”原则

微博文案的设计，需要遵从人性的特点。通俗地讲，要按照以下原则操作：

要么让人捧腹，
要么让人落泪，
要么让人发疯，
要么无人问津。

一篇好的文案，要么可以让人捧腹大笑（请注意，是捧腹），要么让人潸然落泪（用情感牌打动客户），要么让人发疯（用超乎常人的文案表达“征服”客户）。如果做不到这三点，结果只会无人问津。

4.3　创意独特：挖掘“三点”，做好策宣

在互联网环境里，一个事件能否引起病毒式传播，最关键的地方在于它是否有易于网民传播的基础。而这个传播的基础，就是网民对事件的感性程度。在互联网网民中，感性人群占比远远超过理性人群。因此你会发现，只要互联网上的议题是关于道德、人性、历史的，几乎都会被一边倒的呼声遮盖。而那些企图从另一个角度分析问题的声音，则会被踩在脚下。了解到网民的基本特性后，才可以策划出易于传播的营销事件，达到企业宣传或销售的目的。

策划一个事件，首先要考虑三个基本点。

产品或服务的卖点是什么？客户的痒点和痛点分别是什么？

产品或服务的卖点是需要提炼的。正确的流程是先做基础的市场调研，了解到市面上同行中产品的优劣势。再经过分析比对，自己的产品卖点就清晰了，比如性价比高、功效独特、操作使用方便等。当然，还需要深度挖掘细致到点的卖点。比如苹果手机，在智能手机流行之前的时代，绝大多数人都以有翻盖手机为荣，后来又推出滑盖手机等创新产品。但乔布斯却用直板手机打败了翻盖机，目前翻盖手机的用户占比不足 20%。乔布斯说，没有比人的手指更灵活的键盘了。于是苹果手机只有一个“home”键，并且扭转了“有手写笔才是高档手机”的直观印象。这就是乔布斯在产品研发上的“卖点”提炼，也可以说是“卖点创新”。

客户的痒点和痛点则可以从字面理解。打个简单的比方，痒点是让用户从无需求感觉到“这个可以有”。比如，一位普通的中年女性，原本一直没用过化妆品，但是经过一个事件策划，以图片、视频、文字等表现形式，以微博、微信、博客、社区等为载体，出现了“还不做美容，别再逃避，照照镜子，你都成黄脸婆了知道吗？”痒点，就是让客户搭建对产品从无意识区间转移到自我反省或意识苏醒层面的通道。

不爱化妆的中年女性，从来都与化妆品免疫。但当看到一个广告在说，自

己无意识中已经成为“黄脸婆”时，美容的意识就开始苏醒。接下来，通过广告或事件的策划，再引导其思维进行二次反思，并巧妙地提出产品。这样就形成了一个完美闭环。

相对痒点来说，痛点更能唤起客户的急迫购买心理。例如，当这个中年女性看到“别让自己成为黄脸婆”的提示时，从中年女性的心理考虑来看，可能会因为节约而仍然放弃购买。但如果以这样的主题策划：“再不化妆，就是在为你的老公找小三铺路”，那就是另外一种效果了。

“自己变成黄脸婆”“老公可能有外遇”，事出都是因为自己不注重保养。然而一个是站在用户本身，一个则是站在用户最关注的家庭层面。中年女性可以不美丽（可选或备选），但肯定没有一个中年女性能允许自己的老公有外遇。

卖点、痒点和痛点的提炼

首先，策划者需要明白，这“三点”之间的根本是产品本身。而产品的特性，则可以从顺向及逆向两个思维入手。顺向思维是根据现有产品，进行“三点”提炼。而逆向思维则是从产品的另类特性、客户的异样需求、同类产品的薄弱点等方向入手。

核桃，一直以来是补脑健脑的首选。而用核桃深加工而成的核桃乳、核桃油、核桃粉、核桃蛋白片、核桃油软胶囊等产品，也都以保健养生作为主宣传点。但是在所有坚果中，核桃的口感会有小小的涩味，并且由于生核桃的油性较大，因此相对于花生、瓜子、松子、榛子等坚果干果类产品来说，核桃的食用量相对要少。

河北绿岭果业有限公司自 1999 年成立，至今已拥有二十万亩的绿岭薄皮核桃基地。2012 年，该公司开始接触互联网。在接触互联网初期，绿岭公司针对核桃虽然具有保健功效，但由于口感等先天条件限制，导致出现客户群精准窄、客户单次食用量较少、食用周期偏长等问题，特别推出了“水果味核桃”如图 4-3 所示。

图 4-3　水果味核桃

水果味核桃一经推出，便吸引了很多“网民吃货”的眼球。核桃是坚果，香蕉和甜橙是水果味，两个“果”结合在一起，既保证了核桃的营养，又可以让生核桃的“涩口感”降低。“一果吃过两个味儿，口感爽脆营养不流失。”

综合来看，消费者吃核桃，主要想要达到健脑、养生的效果，而这便是核桃的“卖点”。可是生核桃的涩口感，会让一部分对口感要求较高的用户，不得不选择核桃乳、核桃油、核桃粉、核桃糊等核桃加工品作为替代，这可以理解成核桃的“痛点”。通过卖点和痛点提炼，如何在不降低“卖点”的前提下，让“痛点”消失，就成为企业需要考虑的问题了。水果味核桃，就是为满足用户“痒点”而生的。

产品“三点”的策划与宣传

了解了产品的“三点”，只是完成了事件的第一步。由于营销策划不到位，现在很多优秀的产品都“买不到好价钱”和“起不了大量”。其实自有市场营销行为以来，策划和宣传就一直在以和产品质量同样重要的身份出现。就像现在市面上的化妆品、保健品、服装等快消品，知名品牌的质量不一定就好到极致，但是它们在广告宣传和品牌策划上很用心，才能获得比同类产品更多的客户认知和购买。

在互联网时代，好的产品定义是“新奇特”。只要新鲜奇怪特别好玩，就能吸引到客户眼球。但是，这种吸引仅仅局限于原有的客户群，想要获取更多的客户，就需要做好策划宣传了。

策划和宣传是两个不同的概念。策划，是指对一个事件营销的整体设计，而宣传是针对本次事件营销的宣传载体、广告费用预算、后期效果预测、持续热点增温等等。策划和宣传，就是事件营销的左右手，两者缺一不可。有了好的策划案，加上对口的平台宣传，再加上适量的广告费用投入，一个好的事件营销便成功了。

绿岭在推出水果味核桃后，产品已经具有了互联网思维的传播特性，接下来需要考虑事件营销的策划，将水果味核桃的产品，推广到让更多用户熟知。通过分析及前期市场调研，在香蕉、香橙、可乐三种口味组合中，可乐味的客户好奇度最高。并且可乐味核桃，一个是“碳酸饮料”，一个是“坚果”，两者的相近度又最远。另外，水果核桃是在夏季推出的，可乐又是夏季销量最好的饮料之一。于是推广方案决定，主推可乐味核桃。

多数企业在同时推出系列产品时，往往会难以抉择，总想第一时间把所有产品推广出去。但是这种撒网式的推广，既增加了推广宣传成本，也分散了用户的注意力。在互联网营销中，需要遵循“聚焦、对准、独一”的宣传原则，尽可能地选择一个点引爆，待此产品已经获取一定客户基数后，再顺势推广其他产品。

经过分析及策划，绿岭公司最终决定出三套主题方案：

1．核桃娶可乐

将可乐味融入到核桃里，这种搭配，本来就是一种混搭。两者的关系是你中有我，我中有你。而推出此产品的时间又恰好在七夕前夕，考虑到这个因素，就用“核桃娶可乐”的形式作为图片表现主题如图 4-4 所示。核桃颜色偏黄，且为圆形，一般以厚重敦实形象为主。可乐为红棕色，且瓶体一般瘦长。由于本次产品的主题人物是核桃，于是核桃就被定义成“新郎角色”。

图 4-4　核桃娶可乐

2．是时候突破一“夏”了

核桃和可乐的搭配，有点“不合时宜”。这种搭配是绝无仅有的创新。从创新的角度，联系到此产品定位的主客户群体 80、90 后，往往由于生活条件好、父母溺爱而缺少了创新精神。因此，通过“可乐瓶体加核桃等于问号”的疑问，加上打乱的“乐桃可核”文字，配上左上角“是时候突破一‘夏’了”，再将“夏”（正常应为“下”）字谐音。第二套文案就出来了，如图 4-5 所示。

3．搞怪自嘲

抛开产品特性和客户群体特性，也可以通过另类的表现方式来获取客户的传播。在互联网时代，吸引粉丝传播的元素有“喜怒哀乐”四大类。其中搞笑类的传播比例最高，其次是感动类的内容。通过画图软件，用鼠标手写文案，并配上自画的 LOGO 和产品主图。这种图片策划方式也是不错的选择，如

图 4-6 所示。

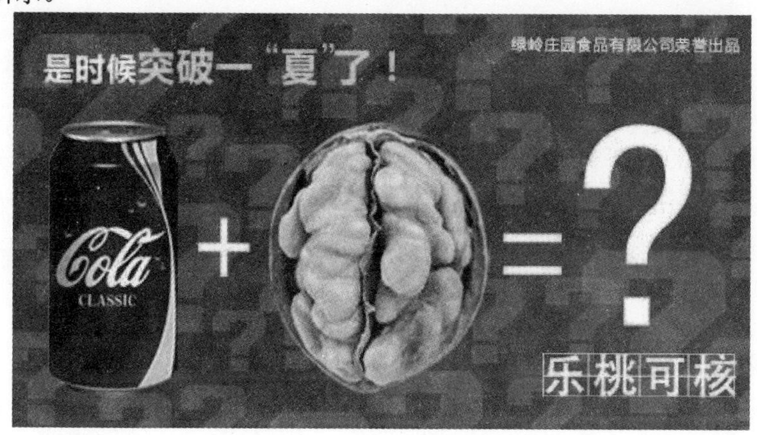

图 4-5　是时候突破一“夏”了

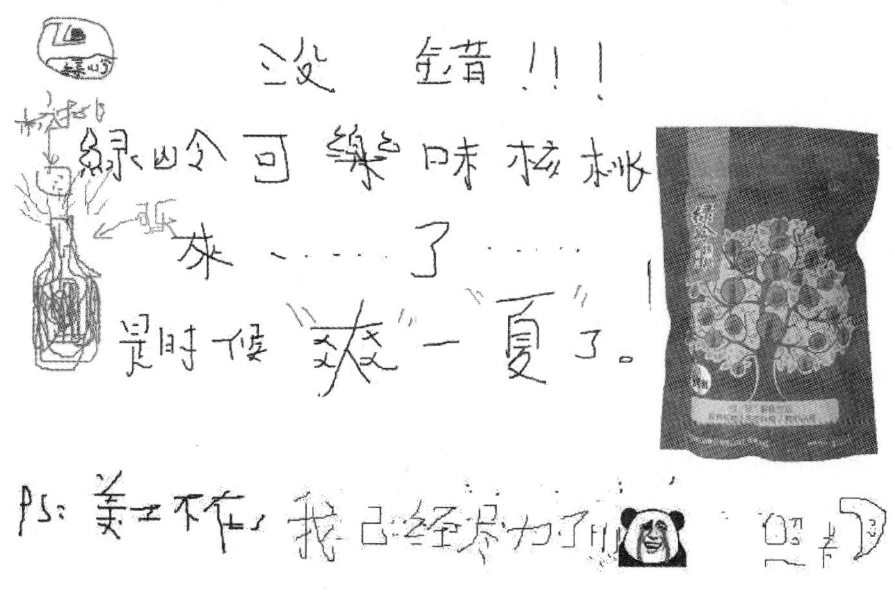

图 4-6　搞怪自嘲

除了图片加文案的事件策划外，视频也是必不可少的。利用微视频可以将产品的卖点更直观地表现出来。但需要注意的是，要看产品的特性是否适合、匹配。策划方案定稿后，就可以选择推广平台了。现在最常用的推广平台是微博和微信。图文类的推广尤其适用于微博。另外也可以采用站长联盟、站外图片广告等方式进行推广。

4.4 真实不虚：让微博说“好”话

微博运营的最高境界，是能让客户感觉到微博不是一个冷冰冰的工具，而是活生生的人。想要让微博变“活”，就需要给微博注入一些元素，最有效的元素是“用心”，让客户感觉到，微博背后的“真情流露”。

这里说的“真”有两层含义：

1．微博内容真

微博想要引起轰动，除了好的文案外，就是微博本身的新闻价值了。除了名人大 V 发布或转发的内容转发量极高外，一些时效的、会引起大众共鸣的微博，转发量也非常高。

名人大 V 具有一定的社会影响力，且有庞大的固定粉丝群体，经过大 V 发布的微博关注率高属正常情况。但微博中一些仅仅几百粉丝的用户，单条微博转发量过万，就是自发的粉丝转发了。

这类微博一般有三种情况：第一，真实的场景，博主亲眼所见，随手即拍；第二，博主为扩大事件影响力，引起网民的愤怒，进行部分虚构的内容；第三，与现实事件完全不符的纯谣言微博内容。

微博平台的约束性并不算太强。近年来虽然国家有关部门对微博多次整顿，尤其以 2009 年最为重，但仍然无法约束数以亿计的微博用户。靠真实事件转发成为热门微博的，只要不断挖掘新的新闻，集合微博营销技巧，相信不久便会成为“草根大号”。但对于第二种，尤其第三种，为了增加转发率而加入虚构的炒作性信息，必将搬起石头砸自己的脚。

就在此书的写作过程中，立二拆四、秦火火等“谣言大 V”被行政拘留。微博运营人员必须知道，微博的言论不当、恶意炒作、虚假信息，一旦对社会造成负面影响，将不止是微博声誉受损，还有可能遭遇牢狱之灾。

2．互动交流真

微博互动主要是回复客户评论、私信，在互动过程中，任何一个细微的言行，都会遇到客户的不同看法。与客户互动，要做到真诚、豪爽、不做作。一些定位专业平台运作的微博，需要分享一些“真”的干货。不虚假、不保留，做到知无不言、言无不尽。

4.5 唇枪舌剑：让客户“左右”你的微博

使用微博营销，必须先了解网民的心态和喜好。越是简单、无聊，带有“非黑即白”或“模棱两可”的话题，越会让客户有辩论的兴趣。如果在微博发起“请阐述微积分的定义与价值”这样的话题，很难引起大众兴趣。

微博用户上网除了获取资讯，与朋友交流外，无非是无聊、打发时间、寻找乐趣。对于“伤脑筋的事儿”，他们并不会过多关注——8 小时的工作时间已经够伤脑筋了。所以在微博上经常会有“该不该穿秋裤”“豆腐脑甜的好还是咸的好？”等等看到就会引起因地域、性别、年龄、喜好、个人经历、文化、风俗等不同而有完全自我肯定意识的话题。

图 4-7 所示是腾讯微博，在端午节发起的#甜粽还是咸粽#热门话题。通过截图可以看到，话题放出当天，就有 1758 万条相关广播，99 万次阅读。值得一提的是，这个话题年年都有争论，但每一年都无法分出胜负。南北生活习惯有差异，存在不同的饮食习惯，谁也不想认为自己从小就喜爱吃的粽子，居然应该是另一个完全相反的口味儿。这种观念的改变是用户无法接受的。

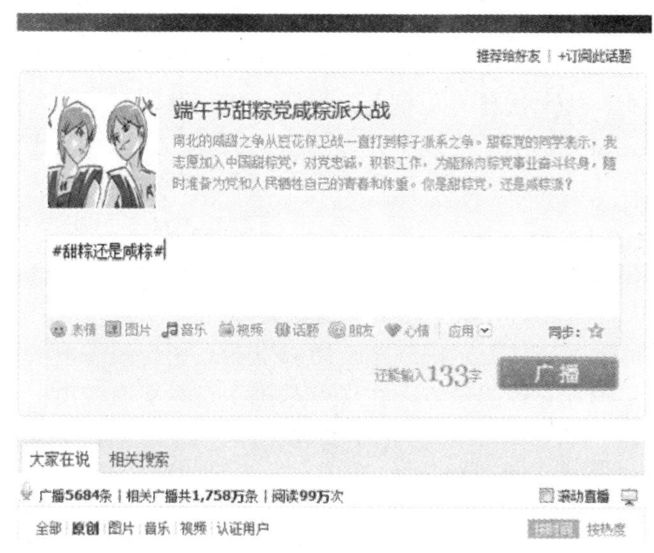

图 4-7　腾讯微博热门话题“端午粽子甜咸之争”

综合而论，微博话题的选择可以从以下三方面考虑：

平常事

清官难断家务事。衣食住行是老百姓最为关注的“大事”，也是鸡毛蒜皮、不值一提的“小事”。微博素材可以通过对衣食住行平常事的挖掘，找到问题的争议点。比如“吃辣的好还是甜的好？”“喝啤酒和白酒哪个更好？”“衣服应该注重款式还是实用性”等。

地域性

地域性可以是依据南北划分，也可以依据不同省份、同一省份、同省不同市甚至本市南北的不同习俗来挖掘。比如“北方叫床为炕”“北方爱穿秋裤”“广东没有暖气和公共浴池”“馕和馍馍的区别”“彩礼金该多要还是少要？”等。

非确定性

争议话题的挖掘，以没有标准性答案为佳。如果话题的挖掘本来就带有严重的倾向，或者绝大多数用户都对某一方观点支持，这样的话题可参与的乐趣性就大打折扣了。比如，如果发起“你会娶拜金女吗？”？这些话题有争议性，但这种争议性往往是一边倒的争议，最多会引起用户的集体讨伐，对于话题本身的争议乐趣就不复存在了。但假如是“降龙十八掌和六脉神剑谁更厉害”等不确定性答案的话题，所引发的争议性就大不相同了。

所以话题的挖掘需要有不确定性的特点，也就是说这个话题本身就没有对错。持不同意见的用户比例应在 7:3 或 6:4 以内，如果双方观点的用户比例超过 8:2，这样的素材一般就没有挖掘的必要性了。

做好争议话题的“话事人”

作为引导、挖掘、发起争议性话题的运营者，要注意自我身份的认定。尽可能当“挑事人”——话题的发起人。当然，作为草根微博，发起热门话题的可能性非常低。如果做不了“挑事人”，就当“和泥人”：事情不是我发起的，我的身份是和稀泥，让话题的争议性更大，或者朝着我设计的方向发展。如果“和泥人”也做不了，那就做个“仲裁者”，站在裁判的角度来评判话题的对错。“仲裁者”类似于新浪微博最新增加的“话题主持人”身份。如果“仲裁者”的身份已经被他人占用，则可以考虑做“调解员”。

争议性的话题本来就无正确答案，所以发布表明自己态度的微博内容时，可以只提双方都确定正确的论点，在现有基础上进行更有深度的点评（不要泛泛而谈，这样的调解不会引起甲乙双方的关注，因此观点要独到，解析要到位），最后将这个问题的答案抛给第三方。

4.6 略施巧计：让大 V 做你的“发声筒”

据统计，微博每日具有较高转发量的博主主要集中在名人大 V 和草根大号，其中只有 2.5%以下的热门微博是普通用户发布的。名人大 V 借助原有的粉丝群，草根大号则借助较早进驻微博的优势，并以自身定位的特色笼络到大批粉丝。而超过 80%的普通用户粉丝都在 300 人以下（僵尸粉除外），超过 75%的平均单条微博转发量都在 10 条以下。这样的粉丝基数和转发量很难升级为热门微博。

前面章节曾说过“借势”，借助的载体是热门事件。其实名人大 V，也是非常不错的“借势载体”。热门事件的突发性和不可控制性较强，只要分析了大 V 的性格和微博特色，并将产品巧妙植入，升级为“被动”或“主动”的联合营销事件，也将会获得较高的曝光量。

2011 年，微博女王姚晨发布了一条普通的微博，微博内容是：“助理@小无敌赛赛今晚老内疚了，因忘给我带高跟鞋，造成我们中途返道取鞋，差点没走成红毯。一直在减肥路上探索的她，自告奋勇留下来，陪我和蕾蕾吃方便面庆祝:)。”

在微博下方配了一张姚晨与助理吃面的合影。合影的内容中，两人面带微笑，正对镜头，而巧合的是姚晨手中的面桶 LOGO 可以清楚看到，是康师傅的产品。于是在十几分钟后，我发布了一条如下微博，如图 4-8 所示。

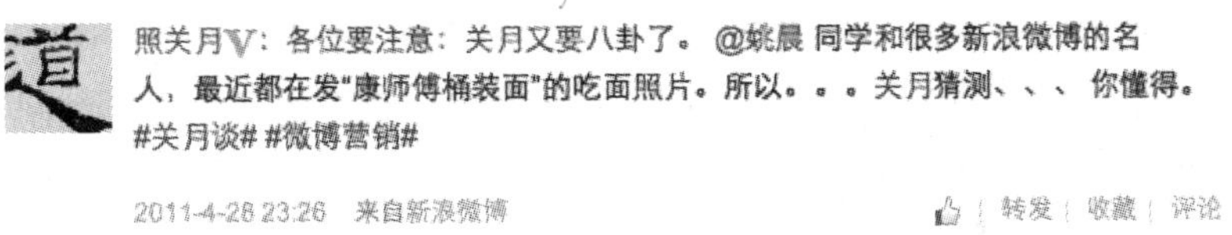

照关月V：各位要注意：关月又要八卦了。@姚晨 同学和很多新浪微博的名人，最近都在发“康师傅桶装面”的吃面照片。所以。。。关月猜测、、、你懂得。#关月谈# #微博营销#

2011-4-28 23:26　来自新浪微博　　　　转发 | 收藏 | 评论

图 4-8　作者微博截图

由于职业敏感度，当时发现有几个微博名人都巧合地发了吃面图，并且面桶都是正面图。本以为事件就此结束，但四十分钟后，姚晨发布了最新微博：“得，随手拿着方便面拍照，不小心漏了牌子，又被声讨有做广告嫌疑。介……介以后偶是不是真得找个美编来帮着审图啊？”，如图 4-9 所示。

短短一小时内，从第一条带桶面 LOGO 的微博发出，到我的微博质疑，再到第三条微博的解疑，作为当时新浪微博的主推明星（微博粉丝数量居新浪之首），姚晨的回复，足以证明一个道理：微博是一个草根与明星零距离接触的平台。并且，几乎所有微博大 V 对微博的评论，都会花出一定的时间来关注。

微博可以让草根与明星零距离接触，可以让明星发布自己的动态，与粉丝亲密互动，可以让个人形象和知名度提高。小微博，有“大威力”。如果运作得好，可以不费吹灰之力，便获得在传统广告中数百万元才能取得的广告效果。

说到传统广告，在微博还有一件“联合”营销效果满分的事件——“潘石屹代言门”。

图 4-9 姚晨微博截图

潘石屹不是中国最大的房地产商，但一定是地产微博中粉丝数量最多和影响力最大的当之无愧的第一大 V。潘石屹喜欢调侃，微博文风也相对幽默，曾创造了“喝茶门”“壹潘币”等众多微博热门事件。然而 2012 年 6 月的一条微博，潘石屹却从热门事件的“创始人”变成了“当事人”。

6 月 8 日上午 9 时，微博用户“大哥_你是了解我的”发布了一条“潘石屹代言的错不了”的文图微博，微博配图赫然显示，在南阳某医院的宣传单上，潘石屹的照片放在一旁。按照常人思维理解，大家都以为这家医院请潘石屹做了代言人。

经过几个名人大 V 和草根大号的转发，4 天后，潘石屹终于在微博回应：“不要脸的医院!!!!!!!! 不要脸的报纸!!!!!!!!”16 个惊叹号，让这一事件变得更加热门。

一个简单的文案“潘石屹代言的错不了”，一个像素极差的配图，引发了 16 个惊叹号、近乎歇斯底里的回复，数万条的微博转发，数百家媒体的评论，数千万用户的波及影响。

潘石屹代言门不了了之，但南阳某医院却一夜之间被几乎所有网民熟知。如果按照这样大的受众群体计算，该医院至少要花费数千万的广告宣传费。这种投入产出比，只有在社会化媒体平台上才会发生，也只有像微博这样的社会化媒体工具，才能将事件在极短的时间内达到如此大的影响力。

4.7 黄金搭档：找到微博的好兄弟

说到潘石屹，就不得不提起与其“形影不离”的好朋友——任志强。因语出惊人、观点独特，如“房地产就该是暴力行业”“中国人太有钱”“房子太便宜”“工资在涨，房价不涨就不对”“买不起房为什么不回农村”等雷人观点，任志强被网民敬称为“任大炮”。

1993 年起，潘石屹和任志强便已经相识。二十多年来，潘任两人嬉笑怒骂，“争斗”不断。潘石屹曾说：“任志强是天生的战斗家，而我跟他又天生一对，但不论斗得多凶，骂得多狠，我们都互相尊敬，视对方为最好的对手，最好的兄弟，失去谁，都会寂寞。”

2009 年，任志强在潘石屹的推荐下开通微博，自此两人的“战场”放在了微博。但在微博的战场上，他们二人的“争斗”在网民看来更像是打情骂俏。

在任志强的微博中，称潘为“小潘潘”。诸如“下午参加毛老师的新书发布会，据说能见到小潘潘”“真不容易，混成了小潘潘的偶像”“老婆不给钱，难倒小潘潘？”等诸多调侃的微博让网民大肆转发，并引发了“好基友，在一起”等恶搞的语言。

2012 年 12 月，任志强发布了一条“感谢小潘送来的苹果”微博，其中附图为潘石屹的随函亲笔信，如图 4-10 所示。然而就是一条普通到不能再普通的朋友礼尚往来的微博，却被“专业”的网民刨根问底。在这封信中，如果只读每一行的第一个字：“任总，快来我没事”。

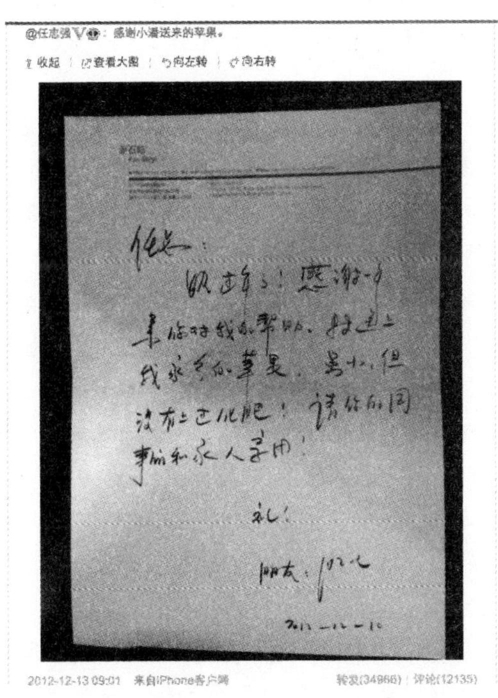

图 4-10 “藏头诗事件”任志强微博截图

“潘石屹示爱的藏头诗被曝光了。”一时间网络“风言”四起。

通过微博，潘石屹与任志强一唱一和，“打情骂俏”，却成为网络上最被人称道的好弟兄，并且都获得了大批的微博粉丝，无形中也获得了很好的品牌营销。

在微博运营中，互相搭配的营销方式是最容易引起争议性的话题。在各种选秀节目中，组合获胜的可能远远大于单枪匹马的选手。微博也是如此。甲乙双方都有属于自己的粉丝群，经过 PK、争吵，各自的粉丝可以彼此了解对方，而且对于没有恶意、幽默好笑的争论，粉丝们也愿意转发。

4.8 合纵连横：让你的微博“纵横捭阖”

微博认证大体分为两种：个人认证与企业认证（媒体、政府等）。微博营销，必须以“统战军团”作战方式才能将营销效果最大化。而作为企业的一把手，就必须将两条线串联起来：一条是公司管理（职员），一条是产品功能（平台）。在这两条线中，公司管理为个人认证，产品功能为企业认证。个人账户为自己所用，可以引起“自范围圈”的用户营销；产品功能为“现有用户”的圈子营销。作为统帅，通过自己的影响力和运作，将两条线合二为一，即可达到理想的营销效果。

王利芬女士原是 CCTV 知名主持人，曾主持过《赢在中国》《我们》等众多脍炙人口的电视节目。后来王利芬“下海”经商，创办了优米网。结合自身的人脉优势，优米网很快就获得了第一批用户。通过微博，优米网又获得了远超过人脉圈子的粉丝数。

在优米网的微博矩形图中，如图 4-11 所示，很清晰地分为两条主线：以王利芬为首的企业高管（如副总裁、主编等）和以优米网为产品的分级平台（如优米云课堂、优米会员、优米视频、优米创业俱乐部等）。

微博用户以青少年居多（创业者也占有不小的比例），而王利芬知性睿智的风格，加上之前主持的《我们》《赢在中国》栏目的粉丝，与微博粉丝特性几乎重合。优米网的定位之一又是给创业者释疑解惑的平台，通过这些综合因素，优米网通过微博获得的客户在总用户中占到不小的比重。

纵观王利芬的微博可以发现，其发布原创内容的比例并不多，大多数都是转发他人微博。通过从王利芬微博中摘录的四条转发微博可以看出，王利芬的微博转发都是以“优米网”为主，其他平台为辅。转发的内容包含：

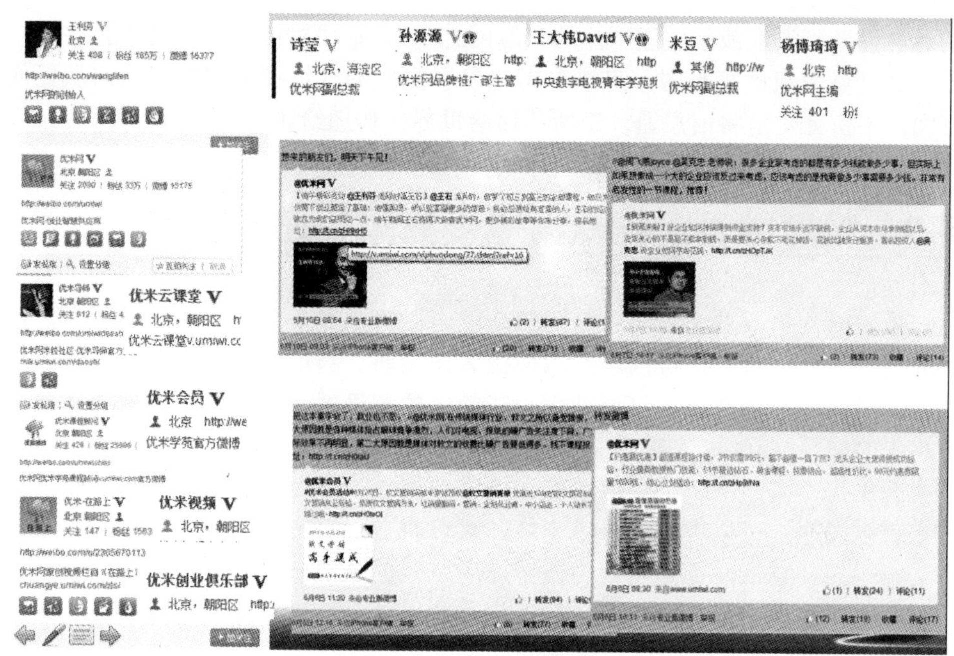

图 4-11　优米网微博矩形图

1．采访报名

优米网主打的业务之一是采访各位商界高管，这个采访是延续传统访谈类电视访问，会邀请观众旁听。定期举办的线下访谈，每一个主角都会有不同的粉丝，靠这种影响可以有效带动线上的访问量和成交客户。

2．新课推荐

优米网推出的“云课堂”，主要是邀请一些培训界的专家到优米网录制课程，其中也包含一些以前采访商业大咖的视频。这些视频按照会员分级进行出售。对于新上线的课程，王利芬会特别重点提醒，转发告知。

3．线下活动

除了正规的名人采访外，优米网还会举办类似于沙龙、聚会的线下活动。通过线下活动，可以让用户设身处地地感受到优米网的企业文化，打下口碑传播的基础。

4．课程推广

对于一些时效性要求不强，综合非专业类的课程，不定期地转发会收获一些之前没看到课程或新关注用户的“漏网之鱼”，形成对课程二次推荐的效果。

通过微博组建矩形图，可以参考鬼谷子提出的“纵横捭阖”理论，从任何方面，不留死角地将信息通过微博传递给世界，传递给还未成交的新客户。

4.9 畅所欲言：把微博“麦克风”递给客户

做微博营销，首先要明白微博的功能。微博是一个公开化的信息平台，正因为其公开化的特性，可以通过微博做客户调研、售前解疑、售后服务等，这是微博赋予的新功能。如何调动客户或粉丝的积极性、参与性，是微博运营必须思考的问题。

既然是交流的平台，微博就应该给客户提供一个对等的机会，通过微博，客户可以发声，可以说好，可以说坏，可以将自己对产品的所有感觉说出来。赞美、抱怨、宣泄，都是客户与微博产生联系的表现。因此作为运营人员，不要担心客户的发声，而要为客户的发声兴奋，这是微博平台与客户关联的最直接证明，也是微博营销价值的体现。

让客户说

膜法世家是淘宝知名的化妆品品牌。在微博上，膜法世家充分运用了微博的每一个功能：营销、调研、互动、客服。比如膜法世家曾发起“#膜法世家你做主#”的话题，如图 4-12 所示。

@膜法世家 V：#膜法世家你做主#一千个人眼中，就有一千个膜法世家。未来，您希望膜法世家的面膜拥有哪些功效？或者您对膜法世家有什么建议？现在，转发微博并写下您的想法，就有机会获得镇店之宝绿豆泥浆面膜，每天抽取2名幸运儿，活动时间：6.5-6.15。膜法世家的未来，我们想和您一起走！

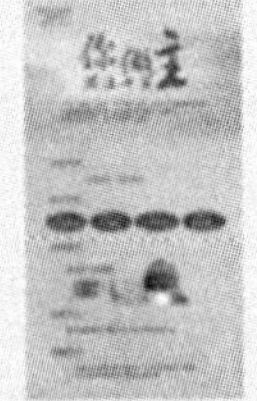

6月5日 12:03 来自专业版微博　　转发（1070）| 评论（815）

图 4-12 膜法世家微博活动截图

这个活动内容是：“一千个人眼中，就有一千个膜法世家。未来，你希望膜法世家的面膜拥有哪些功效？或者你对膜法世家有什么建议？现在，转发微博并写下您的想法，就有机会获得镇店之宝绿豆泥浆面膜”。

这个活动截止到目前的转发量为 1070 次，评论数为 815 条。转发量和评论的差距并不算大，但可以推算的是，在这些转发评论中，老客户或意向客户的比例最少在 60%以上。打开评论，有不少的内容都是对面膜的建议或个人看法。虽然一千多的转发量并不算特别高，但能吸引客户参与，并巧妙地将各种信息通过此次活动放出，这种效果已经远远超出活动本身的预期。

“让客户说”的活动设计，主要从以下几方面考虑：

1. 活动定位

选择活动，一定要“师出有名”，并要清楚地告诉自己想得到什么。以膜法世家的活动为例，在这次活动中，膜法世家透露出很多信息。首先，膜法世家的主营产品就是面膜，这次活动也是面膜新产品上线的“造势”。其次，表明姿态，一千个人眼中，就有一千个膜法世家，这种姿态是欢迎所有用户大胆畅言。未来希望增加的功效，是对新产品研发的参考，这些老客户的需求是非常具有参考意义的。另外，转发微博，获得的奖品也是膜法世家的面膜。

2. 奖品设计

做任何活动，都要有奖品。奖品既是吸引客户参与的“法宝”，也是“回馈老客户”的表现。在奖品的设计中，除了必须用自身的产品外，也可以通过现金券或优惠卡的方式发放。奖品的数量需要保证在合适的范围，如果条件允许，尽量做到“大奖够大，小奖够多”。

大奖可以是价值数千元的手机、电脑，小奖则可以是一些价值二十元以内的奖品。需要注意的是，奖品要折算物流快递的成本。不少企业设计的礼品价值，甚至低于快递费用。这种活动虽然花了大成本，却没有让客户感觉到多大的惊喜，效果也会大打折扣。另外，奖品的周期要设限，膜法世家每日两份的方式，可以每天都调动未中奖客户的转发积极性。

3. 后续落地

活动的过程分为活动前、活动中、活动后，现在抽奖类的活动较多，在活动过程中，有些企业会通过暗箱操作的方式，自己注册僵尸粉，并大量转发，最终颁奖给内定的中奖人，这种方式会让客户感觉公司没有诚信和诚意，因为操作不当而引起负面口碑的企业活动时有发生。因此，活动的中奖方式，可以交给微博后台设置的活动，例如有奖转发、幸运大转盘等，这些活动的监管方是微博平台的运营方，可信度更高。但这种方式也有弊端，对于一些建议类的活动，单纯地靠随机抽取幸运用户，会打击其他用心回复客户的积极性。因此，对于这类活动，企业微博运营人员可以从回复中挑选回复非常用心的粉丝作为幸运用户。

另外，对于活动后续的跟进，要及时兑现奖品发放时间和周期。一定要在活动前，根据实际情况将规则设定好。设定好后，必须完全按照活动规则执行。

“让客户说出来”的活动主要有三种功效：活跃粉丝、反馈粉丝、增加粉丝。据调查显示，微博用户的粉丝中，有超过 95%的粉丝都是非活跃粉丝，这其中包含了僵尸粉和一次都没有互动过的普通粉丝。让粉丝有参与感、话语权，有受到尊重的感觉，才能调动起“非活跃粉丝”的积极性。通过奖品发放，可以让老客户享受到新的优惠，反馈粉丝可以让老客户更忠诚。活动举办会引起点对面的宣传效果，通过活动转发或媒体关注，还可以在短时间内积累大批量的新粉丝，可谓一举三得。

说给客户

微博活动需要有上下对接，才会“接地气儿”。面对一些粉丝的回复或@，如何与客户交流成为关键。

说给客户的内容，可以从售后服务、功能介绍、友情提示、外链推荐、鼓励晒单等方面考虑：

1．售后服务

在企业微博运营中，微博作为客户接触产品的一个载体，客户会通过微博了解到产品，绝大多数客户也会通过微博来分享产品的使用心得。因此，说给客户的内容可以在售后服务上下功夫。说给客户听，也是说给“还未成交的”其他用户听。

2．功能介绍

因为操作不当而造成的产品损坏或产品失效、效果不明显等问题，和因为功能介绍不全面而引发的售后成本，都占有非常高的比例。通过微博，可以把产品的功能介绍说给客户，这是最低成本的沟通方式，也是最直接的线上交流平台。

3．友情提示

对于客户在使用产品时，可能会对产品效果产生影响或与产品本身无关，但关系到客户身心健康的内容，微博平台可以发布“友情提示”，通过一些贴心的小建议，让客户意识到自己的操作不当，或感受到企业贴心的服务，从而给品牌形象加分。

以膜法世家为例，某试用客户在微博上发布了试用的感受和效果照，膜法世家的转发内容是常温保存即可，如果想要更冰凉可以放冰箱，但在放进冰箱后就要避免频繁地拿进拿出，以免产品加速变质，如图 4-13 所示。这个提醒就做得非常好，既让客户可以了解到新的使用方法，还知道了新方法的具体操作注意事项。

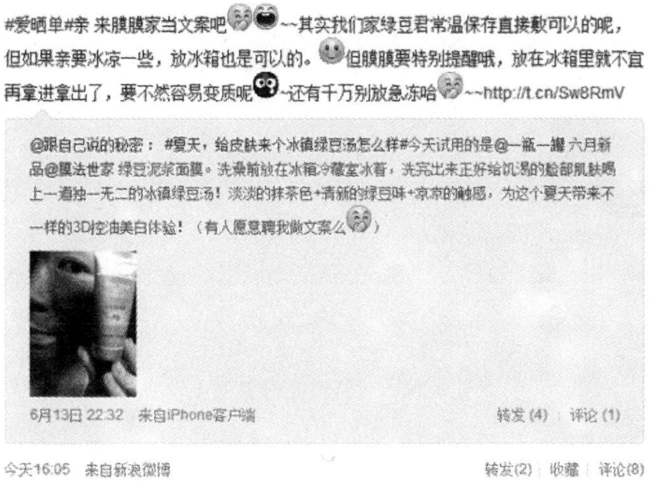

#爱晒单#亲 来膜膜家当文案吧~~其实我们家绿豆君常温保存直接敷可以的呢，但如果亲要冰凉一些，放冰箱也是可以的。但膜膜要特别提醒哦，放在冰箱里就不宜再拿进拿出了，要不然容易变质呢~还有千万别放急冻哈~~http://t.cn/Sw8RmV

@跟自己说的秘密：#夏天，给皮肤来个冰镇绿豆汤怎么样#今天试用的是@一瓶一罐 六月新品@膜法世家 绿豆泥浆面膜。洗澡前放在冰箱冷藏室冰着，洗完出来正好给饥渴的脸部肌肤喝上一遍独一无二的冰镇绿豆汤！淡淡的抹茶色+清新的绿豆味+凉凉的触感，为这个夏天带来不一样的3D控油美白体验！（有人愿意聘我做文案么）

6月13日 22:32　来自iPhone客户端　　转发(4) | 评论(1)

今天16:05　来自新浪微博　　转发(2) | 收藏 | 评论(8)

图 4-13　膜法世家微博截图

4．外链推荐

微博营销最大的弊端是没有在线支付的功能，手机电商最难实现的技术就是在线支付功能。所以当带有微信支付功能的微信 5.0 上线，阿里巴巴（内部禁用微信）、京东（取消财付通支付功能）等电商大佬，都急忙推出新对策，来规避微信支付可能会引发的影响。

微博是展示平台，具体的产品介绍页才可以体现产品功能、图片、详介、支付等内容。因此“说给客户”的内容，可以适当加入产品介绍的外部链接，这样可以让用户从微博的展示平台，跳转到官网或淘宝店的支付平台，更多地了解产品细节，并完成销售的闭环环节——支付下单。

5．鼓励晒单

广告做得好，不如产品疗效好。用户晒单，是打开新用户最后一道疑惑（不信任）的钥匙。对于用户的晒单，一定要重点对待。比如膜法世家对某用户的晒单回复，是把客户图片中所有的产品名称详细说明，而且在最后还加入了

“更多护肤系列产品”的外链，如图 4-14 所示。

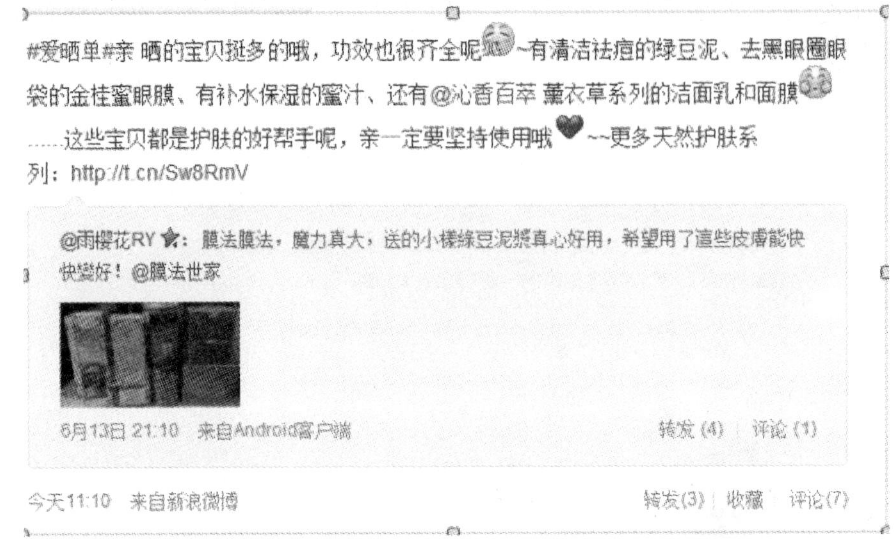

图 4-14 膜法世家微博截图

如何提高客户晒单兴趣？可以设定晒单有奖活动，并挑选优质晒单内容，进行二次礼品赠送，效果会更佳。礼品设定优先选择折扣券。

“让客户说”和“说给客户”是两条平行的公路，上行和下行都要通畅，打通客户与企业交流的壁垒，才能真正实现与客户零距离的面对面交流。

4.10 见贤思齐：学习竞争对手“好榜样”

《孙子·谋攻篇》曰：“知己知彼，百战不殆；不知彼而知己，一胜一负；不知彼，不知己，每战必殆。”而近代洋务运动的总结陈词，则可以用“师夷长技以制夷”七个字概括。学习对方的长处，再用学来的经验打败对手，是兵法的一个重要战略思想，微博营销也是一样道理。

同行微博的每一条内容设计或活动安排，都经过慎重的考虑。鉴于客户群体一样，同行的方案和技巧，就非常具有参考性。之前说过的腾讯，几乎所有产品都是“借鉴”最优秀的同类运营商，经过改良，最终再打败同行。

如何找到你的“同行”？找到同行可以从以下四个方面入手：

1. 现实了解

借鉴同行，要根据产品特性、核心客户群特色等综合分析，确定核心客户所在地域，并尽量避免非核心区域的信息或广告推送，真实做到“有的放矢”“是钓鱼，而不是网鱼”，不盲目推广，让营销效果最优化。如果是全国性的渠道，则可以通过媒体宣传及以往的经验了解进行查询。如果做本地化服务，则可以直接查询当地较为优秀的同行企业。

2．逆向搜索

知道同行名称，可以直接在微博搜索框中输入企业名称或关键词进行查询。

3．关键词搜索

能了解并完全吃透10家同行的微博运营技巧，微博的运营方案就不需要再花太多精力了。同行的经验借鉴，是迈向正规的捷径。如果现实了解或逆向搜索都找不到可参考的好微博，可以通过特定的关键词，例如产品名、品牌名、产品相关类目等关键词进行搜索。

4．名人堂、品牌堂

为便于客户查询，微博平台运营方会按照名人或企业认证的类目进行分类排序，最简单直接的方法是通过名人堂、品牌堂进行全方位的查询，进而对微博运作较好的企业进行深度分析。

查询到同行资料，哪些具有可借鉴价值呢？企业微博运营人员可以通过关注同行的版面设计、文案素材、自定义话题、活动方案等入手。而且还需要根据客户活动的热门度进行对比，“有则改之，无则加勉”。对于运营较好的微博，要不定期关注查阅，了解其最新的动态，也可第一时间知道其是否改变运营风格。

借鉴同行微博，需要调整好心态。不要认为向对手学习是耻辱，如果过于自傲，会加长微博见效周期。除此之外，还需要有合适的实际操作方案，不能看过就算，也不能完全照搬。在同行现有微博运营技巧的基础上进行改良，效果才能最佳。

4.11 运筹帷幄：做微博预言的“小半仙”

2012年5月，河北发生4.8级地震，震源深度8公里。本来很普通的一次地震，却捧红了一个微博ID为“至诚感通GTJ”的博主。

该博友在微博上发布了一条信息：“今天一早就开始观测天象，天空中出现了地震云，看来是难免的了。按照日子推算，接下来的一个半月内可能不止一次大级别地震。”如图 4-15 所示。此微博发布 3 小时后，河北地震。

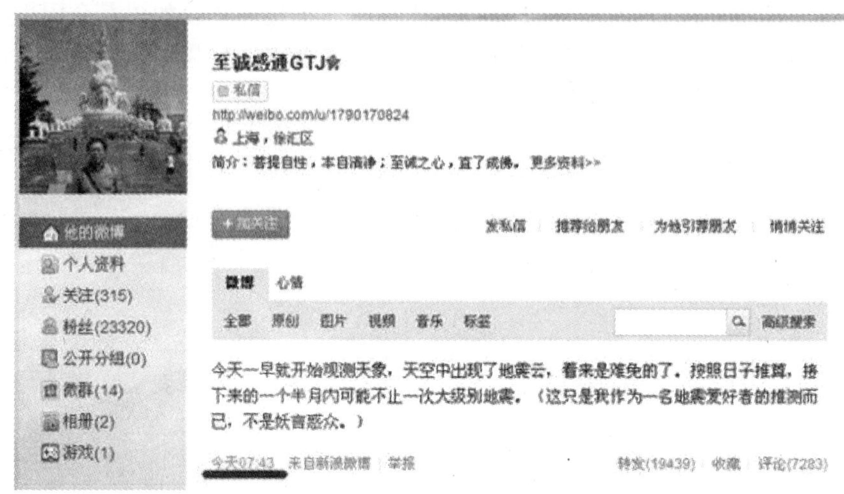

图 4-15　河北地震预言微博截图

地震发生后，该微博被疯狂转发。10 分钟内，粉丝增加数量超过 5000 人，10 小时后微博粉丝数量已接近 9 万人。网民转发微博的评论内容多数是“高手在民间”“给跪了”“佩服”“膜拜”等崇拜的话语。

事实上，关于地震预言并没有科学依据。该用户身在上海，仅仅观察地震云就能预测到河北的地震，从科学角度根本无法解释得通。地球这么大，每年都有数百万次地震，能感受到的约五万次，而往往这些地震预言的范围又特别广，所以这种预言并不可信。但通过网民疯狂转发，可以看出人类对预言、神算、未卜先知等未知神秘事物的兴趣。

与之相似的还有预测奥运会刘翔受伤的微博。刘翔开赛当天的 11 点 11 分，网友“背包的旅人”发布了一条微博：“昨晚做梦，梦见刘翔受伤了，在跨第一个栏的时侯绊倒了，然后，他为了不再 08 年那样被人骂，拐着脚挪到了终点。”如图 4-16 所示。

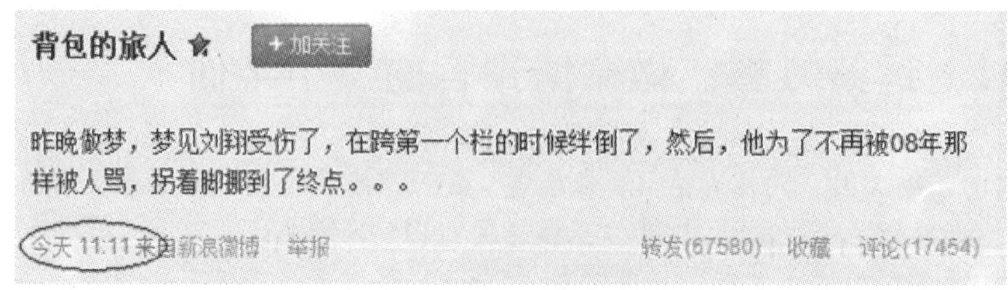

图 4-16　预测刘翔受伤的微博

微博可以在最短时间，将信息以爆炸般的方式，进行快速传播。如果能够在微博中树立“半仙”形象，对于微博粉丝增加和影响力的扩大会有很大提高。但企业微博在运作中，如果使用瞎蒙、乱猜的方式，“半仙”的形象被塑造就成了“迷信”“神棍”的负面形象。对于企业声誉来说，这种形象非常不利。

企业微博运营者的“预言”，尽量选择跟行业有关，或与提供的产品或服务有关联的预测。预测不能仅靠凭空感觉，应该是自己对行业的专业了解。需要注意预测类微博内容的发布频率，不能过多猜测，否则会影响后续的爆发性，在不知不觉中发布的平常微博，最后成功猜中才更具有传播价值，并结合实际见证时间，则可以达到最佳效果。

2011 年 4 月 29 日，我在微博上发布了一条“阿里巴巴会在未来 3～5 年开通自有物流渠道，或收购其他物流公司，或建立自有物流（储存、转接）基地”的微博，如图 4-17 所示。

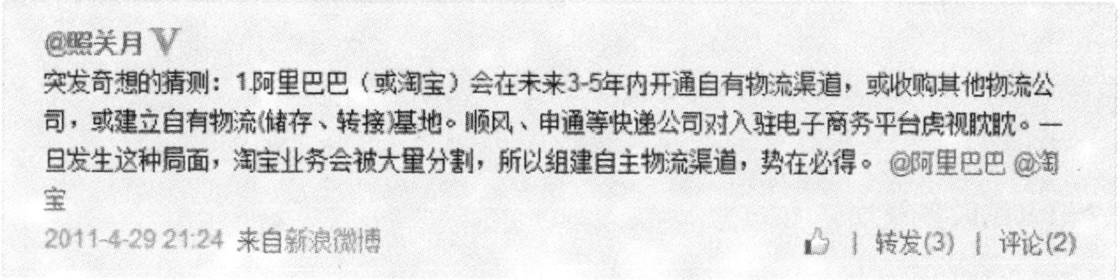

@照关月 V
突发奇想的猜测：1.阿里巴巴（或淘宝）会在未来3-5年内开通自有物流渠道，或收购其他物流公司，或建立自有物流(储存、转接)基地。顺风、申通等快递公司对入驻电子商务平台虎视眈眈。一旦发生这种局面，淘宝业务会被大量分割，所以组建自主物流渠道，势在必得。@阿里巴巴 @淘宝
2011-4-29 21:24 来自新浪微博　　转发(3) | 评论(2)

图 4-17　作者关于阿里巴巴建立自有物流的微博截图

2013 年 5 月，马云卸任阿里巴巴 CEO 后不久，便高调宣布成立菜鸟网络公司，开始运作“中国智能骨干网”项目，如图 4-18 所示。

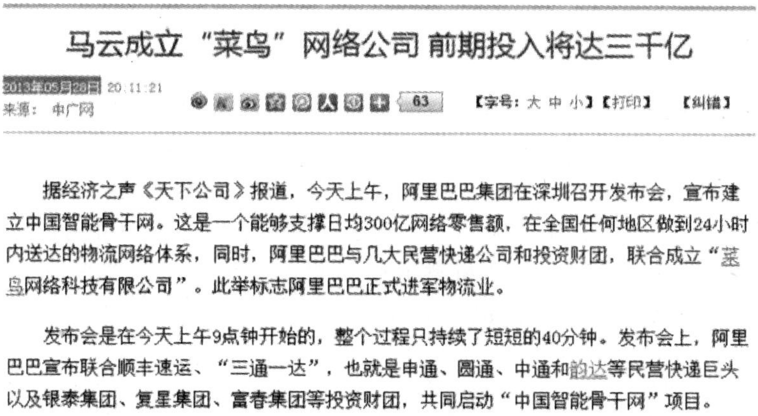

马云成立“菜鸟”网络公司 前期投入将达三千亿

2013年05月28日 20:11:21
来源：中广网　　63　【字号：大 中 小】【打印】　【纠错】

据经济之声《天下公司》报道，今天上午，阿里巴巴集团在深圳召开发布会，宣布建立中国智能骨干网。这是一个能够支撑日均300亿网络零售额，在全国任何地区做到24小时内送达的物流网络体系，同时，阿里巴巴与几大民营快递公司和投资财团，联合成立“菜鸟网络科技有限公司”。此举标志阿里巴巴正式进军物流业。

发布会是在今天上午9点钟开始的，整个过程只持续了短短的40分钟。发布会上，阿里巴巴宣布联合顺丰速运、“三通一达”，也就是申通、圆通、中通和韵达等民营快递巨头以及银泰集团、复星集团、富春集团等投资财团，共同启动“中国智能骨干网”项目。

图 4-18　关于阿里巴巴运作“中国智能骨干网”的报道截图

对比之前的预测时间（2011 年），阿里巴巴提前一年成立了物流网络项目。相对于电子商务的研究者来说，对电商动态发展的预测，是出于职业的敏感和对未来趋势的把控。一旦预测成功，则会在行业中树立专业的形象。专家形象树立后，客户的信任感会倍增，并能引起系列转发，在无形中提升微博影响力。

4.12 梧桐引凤：让明星大 V 成为你的粉丝

网络面前，人人平等。明星与草根的接触，在其他任何一个时代，都无法跟互联网时代比拟。无论是之前的海报、舞台，还是近代的电视、广播、报纸、杂志，这些明星大 V 仿佛留给观众的仅仅是图片或视频。想与之联系，除了演唱会现场、剧组探班外，别无他法。但互联网改变了这一切。

与明星互粉，在满足虚荣心的同时，明星大 V 也会对一些能引起其共鸣的微博进行转发。所以让大 V 关注也是“借势”的一种方法。

想要明星大 V 关注，需要经过以下五步流程：

1．平时多互动

作为草根，很难直接引起明星大 V 的关注，因此草根要主动跟大 V 互动。互动包含评论和转发，转发内容尽量以赞赏为主，但绝对禁用“拍马屁式”的赞赏。大 V 拥有庞大的粉丝群，粉丝中太过直白的赞赏和仰慕，会让大 V 当做是普通的粉丝而直接忽略。只有在互动中，适当加入自己的个人观点，才能更易引起大 V 的关注。

2．关注前内容定位

确定关注对象前，需要对想要关注的大 V 做系统的了解，包括他的爱好、行业、特色，然后加入自己与之相符或接近的爱好的相关内容。

例如，想要关注一位诗人，首先确定他的写作风格。在关注前，要保证自己发布的几条（至少 3 条）微博中，内容定位为诗词类，如诗词解析、个人诗观等。如果有想要关注诗人的诗歌解析和观点看法等，则效果更嘉。除此之外，也可以发些自己的诗词作品。

3．关注时间

关注大 V 在时间和方式上都有讲究。关注时间应该选择在早晚为佳，尤其是 23:00 以后。据调查，很多大 V 由于工作原因，在晚上发微博的频率比较高。这个时候，由于大部分用户已经休息，所以大 V 的粉丝增长速度较慢，一些大 V 发完微博后，会查看新增粉丝，这样被大 V 看到的概率就增大了。

4．私信提醒

第一步，多互动，已经给关注对象留下了初步印象；第二步，最新微博内容定位已做好，让关注对象更加了解自己；第三步，挑选了关注对象在线且休闲的时间。接下来如果微博大 V 还没有反关注，就需要动点“小九九”了。

评论和私信的比例一般为 95:5，大 V 对粉丝的评论和转发肯定不会每一条都看，但私信内容 80%以上的都会打开。需要注意发布私信的内容和方式，应不卑不亢，得体大方。接上举例，假如还是关注诗人大 V，则私信内容为“刘老师，非常喜欢您的诗歌，我也是诗歌爱好者，希望以后向你多多请教”就较不错。

5．重复流程

一般情况下，经过前面四步，被大 V 反关注的可能性已经在 60%以上。如果还是没有得到反关注，那么有两种情况：第一是大 V 漏看私信；第二是大 V 对你还不够熟悉或者没兴趣。如果是没兴趣，则可以放弃。如果认为还是前面几步做得不到位，则可以重复前面的流程，继续评论和转发。不过需要注意频率，不要每一条都转发，大 V 对纯粉丝的关注兴趣并不会太高。在合适的时间（如晚上）进行二次私信交流，这次私信的内容需要做调整，例如：“刘老师您好，看到您经常在各地出差旅游，我现居广州，如果您有时间来广州，务请与我联系，聊尽地主之谊。我的电话是：13******。”走到这一步，大 V 反关注的可能性提高到 80%。如果还没有成功，基本上就可以放弃了。

“家有梧桐树，自有凤来栖。”想要获得明星大 V 的关注，必须先让自己有“底子”。“修炼好内功”，才有与明星大 V“过招”的资格。

第 5 章　微博危机公关“三昧真火”

企业经营最怕的是没有危机意识。信息时代，因为误传谣言或负面信息而倒闭的大企业不在少数，三株口服液便是其中之一。

5.1 赢了官司，“死”了企业

1994 年，三株口服液以 30 万起家，在短短几年内，其资产便达到 40 亿元。三株口服液在全国注册了 600 多家子公司，县、乡、镇办事处 2000 余家，公司营销人员超过 15 万，年销售额高达 80 亿元。其销售额占到中国保健品市场 60%以上份额，成为中国的“保健品之王”。

1996 年，湖南常德某退休职工陈某，看过三株口服液广告后，购买了 10 瓶。服用三个月后，陈某因“三株药物高蛋白过敏症”（当时某医院的诊断报告）不幸逝世。其后，陈某家属诉讼到法院，要求三株赔偿各类损失 30 万元。

时任三株董事长吴炳新认为，30 万的索赔纯属敲诈，三株口服液根本不可能喝死人，因而没有予以重视。1998 年 3 月，常德中级人民法院做出一审判决：陈某系喝三株死亡，责令三株向死者家属赔偿 29.8 万元。

判决下达，各大新闻媒体一片哗然。《八瓶三株喝死一条老汉》等吸引眼球的新闻报道层出不穷。自 4 月下旬起，三株销量急剧下滑，月销售额锐减到不足千万。此后 4 个月三株连续亏损，工厂停工、员工放假，最高库存达到 2400 万瓶，折合人民币 7 亿元。

此时三株才开始乱了阵脚，不断搜集资料进行上诉。一年后，湖南省高级人民法院做出终审判决，三株胜诉。迟来的胜诉，并没有挽救已回天乏术的三株。办事处和工作站的关闭、员工大量辞职、公司停业，以及客户内心对三株的恐惧感，没有给三株再次站起的机会。据统计，三株直接经济损失高达 40 亿。

一场胜诉的官司，250 元的产品，30 万的索赔，80 亿的年销售额，40 亿的直接损失，一个倒掉的企业，留给我们的是无尽的深思。

三株口服液是企业危机公关方面，最具有“反面代表”的案例。以吴炳新为首的管理层，从开始的不屑一顾，到重视，再到回天乏力，只因为一篇莫须有的“八瓶三株喝死一条老汉”的报道而企业关门大吉。不得不说，三株事件是中国保健品史上，甚至中国近代危机公关营销史上，集众多“难以置信”于一身的典型。

危机公关是企业生死存亡的转折点：时机把握得好，转危为安；一旦错误操盘，将会带来灭顶之灾。互联网时代，危机事件的传播速度更快，稍有不慎，就可能会重蹈三株的旧路。

5.2 互联网危机的四大特性

互联网时代的危机公关，主要有突发性、聚焦性、紧急性、严峻性四个特性，如图 5-1 所示。

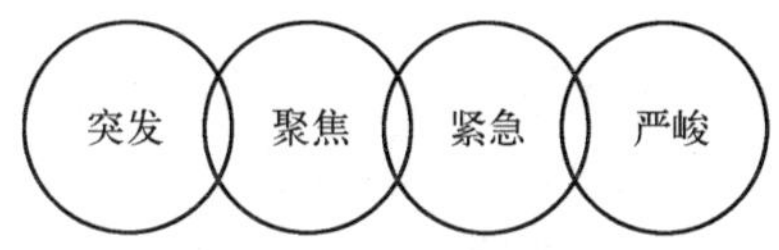

图 5-1　互联网危机公关四大特性

1. 突发性

“冰冻三尺，非一日之寒。”企业危机的产生，并非一夜造就，而是一个缓慢的过程。三株开始被传出“喝死人”的新闻时，三株不相信，客户也不相信，就是这种看似无稽之谈的小事，却造成了严重后果。

危机的生成是一个漫长的过程，它的隐蔽性并不强，但不可预见性却很强。事件一旦曝光，就像点燃导火索，会引发一连串的连锁反应。等到事件已经无法收场时，可能距事发时才过去短短一周，甚至更短。

有预兆的不是危机，而是危险。发现危险，有人会选择隐藏、掩饰，但纸里包不住火，等到“火势”变大，一夜之间就会烧掉“百年老店”。

2. 聚焦性

媒体如果只是“歌功颂德”，报喜不报忧，收视率和关注度肯定不会高。“好事不出门，坏事传千里”，纵观危机公关的案例史，一旦有企业触犯“底线”，各路媒体便会在第一时间枪口一致对准。接到信息比较晚的媒体，甚至会添油加醋地将事件说得更严重。媒体是靠关注度吃饭的，所以必须有灵敏的市场嗅觉，无论是主动挖掘素材还是事件借鉴，都愿意将这类信息广而告之，并放在显眼处。

3．紧急性

传统媒体的传播速度和覆盖面相对有限，如果用“时日”来形容传统媒体的传播速度，那么在互联网时代，信息的传播将会以“分秒”计算。而且传统企业的用户互动平台欠缺，互动效果不佳，不像社会化媒体平台的交流通道如此畅通。一旦遭遇危机，将会是“宣传媒体”+“受众客户”的信息同步接收，想在中途阻断媒体宣传的时间，也将会被压缩到最短。

4．严峻性

由于企业缺乏危机公关的实际演练，很多企业往往在一次危机中，便功败垂成，毁于一旦。如果说企业危机是一场熊熊大火，现代多数企业，应对“大火”的方式是古老的井水灭火方式。没有有效的应对策略，杯水车薪或远水难救近火的残酷现实，让很多企业来不及发声就已被重击倒地，无法翻身。

更可怕的是，互联网危机公关的四大特性，并非是单独的个体，而是常以“两合一”、“四合一”的形式出现。由此可见，互联网时代企业危机的后果有多严重。企业危机的特性与蝴蝶效应非常相似，都是“起于小事、不予重视、影响恶劣、后果严重”。英国国王理查三世的一次战争失败便是企业危机的最佳诠释。

5.3 少了一颗马钉，亡了一个国家

1485 年，亨利伯爵率军攻打英国，这是一场决定英国统治权的重大战役。战争开始前，理查国王牵出战马，交予马夫说：“快去给马钉好马掌。”马夫即刻找到铁匠，说：“国王即将上战场，快点把马掌钉好。”

铁匠回答：“太不巧了，前几天给全军的马钉掌，现在钉不够用了，等我找点铁片重新……”马夫不耐烦地说：“来不及了，马上要开战了，有什么就用什么吧。”慌乱的铁匠急忙做好马掌开始钉钉，钉完第三个，铁钉不够用了。铁匠说：“您需要再等会，我再砸两个钉子。”马夫着急地回答说：“你没听到军号响吗？先这样凑合用吧。”

两军交战，理查国王冲锋陷阵，非常勇猛。就在战马冲刺的紧要关头，少了一个铁钉的马掌掉下来了。战马失稳，摔倒在地，理查还没来得及起身，便被俘虏了。国王被俘，军心动乱，敌军趁机追击，最终取得了战争的胜利。

自此后，便有了这样的寓言：

少了一颗马钉，丢了一只马掌；

丢了一只马掌，摔了一匹战马；

摔了一匹战马，败了一场战役；

败了一场战役，亡了一个国家。

做微博危机公关，要时刻谨记“马钉亡国”的故事，针对任何可能产生负面口碑井喷式爆发的潜伏危机，都要谨慎对待，在萌芽状态就掌握发展动态。

5.4 100-1=0

一颗马钉和一个国家，看似是绝无可比性的两件物品，却真实地发生关联。企业危机也是如此：一颗“马钉”的不慎，就会将企业打入万劫不复之地。

以现实为例，当我们攀爬一座高山，可能需要花几小时才能到达山顶，但如果从山顶摔下来，仅仅只用几十秒。在企业管理案例中，有这样一个说法：“即便你做了 100 件好事，但只需 1 件错事，就足以让你之前所有的好事清零。甚至有人会千方百计，找出你做好事的“不良动机”。”

这就是危机，比传统企业危机更加危险的“微博危机”。100−1=0，互联网时代，不会给任何企业蒙混过关的机会，因为你所面对的是数亿的网民。在这背后，潜伏着无数“义愤填膺、嫉恶如仇”的消费者。

5.5 危机公关第一式：天下武功，唯快不破

《孙子兵法·势篇》有云：“激水之疾，至于漂石者，势也。”高处而下急流的水，力量大到可以推动石头，这就是“势”的作用。在武术界，诸如咏春拳、截拳道、少林拳等多家拳法，都是以快打快的理念。武侠小说中，万里独行田伯光的刀法、独孤九剑剑法、小李飞刀等武侠秘籍，均是以快取胜。天下武功，唯快不破，是武术界必遵的法则。

2013 年 6 月，网友“十年砍柴”在微博上发布了一条信息：“86 元从京东买个教训。5 月 31 日买了一架儿童架子鼓，送来后装好敲不响。打京东客服电话不通……再打客服电话，历 2 小时通了，客服承诺更换。现在过去 13 天了，无人更换……从今不在京东花 1 毛钱。”

微博发出 15 分钟，京东官方微博回复：“您好，非常抱歉，您的问题我们已经收到，请您将您的订单号私信到@京京，我方收到为您核实处理。”如图 5-2 所示。

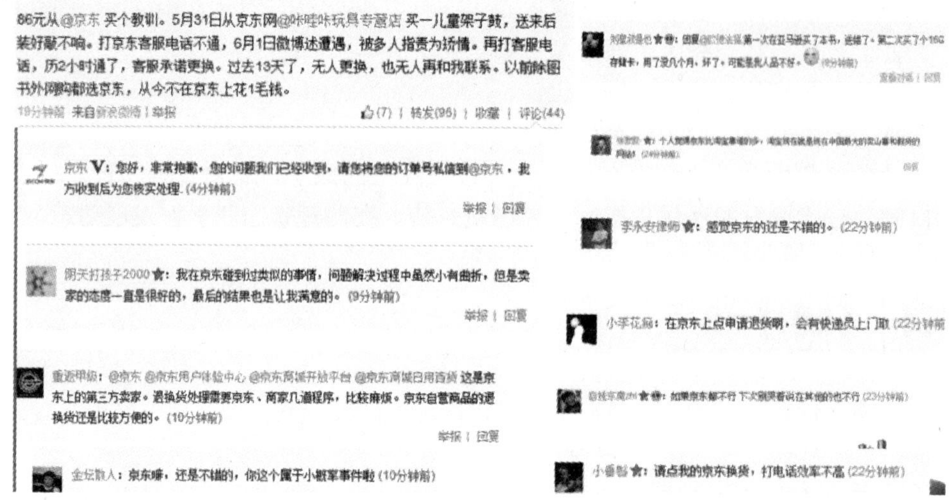

图 5-2　京东企业微博应对危机公关截图

15 分钟的时间，相对于一个拥有数千万用户的官方微博来说，已经算迅速了。而相对于京东的“15 分钟速度”，还有很多企业在采用“1 分钟回复”的微博运营策略。这种姿态，能在第一时间平息客户的肝火，让客户感觉到企业快速、周到、贴心的客服精神。

当然，京东的危机公关应对绝非如此简单。

自此微博发出 19 分钟起，我截取了半小时内源微博的几条评论，大家可以看看，有没有发现什么特别之处？

截图显示，在包含京东官网的 10 个回复中，无一不是在说京东好。看到这，你可能第一印象会认为，这是京东请来的“水军”。事实真的如此吗？在这 10 个回复中：1 个是京东官方认证微博、6 个微博达人、2 个微博会员，只有一个没有身份的“小李花痴”回复内容是：“在京东上点申请退货啊，会有快递员上门取。”点开其微博可以看出，这个账号绝对不是僵尸粉，之前发布的微博，也鲜有支持京东的评论。

现在你还会认为这是京东请来的“水军”吗？

在之前章节微博运营技巧中，曾提到借助热门事件，注册与当事人姓名相近的微博，以获取第一批微博粉丝的快捷技巧，其价值也就体现于此。

360 与 QQ 大战时，360 就曾传出大量雇佣水军跟帖顶帖。不过 360 却并未承认，可之后同一个微博不同人来发送的情况，却让 360 百口莫辩。

图 5-3 是通过新浪微博搜索，相关关键词匹配出来的所有内容。通过截图可以看出，这些微博博主全是三无人员：无认证、无达人、无会员。而且不同

的博主，一字不差的微博内容，一眼便可看出，绝对是水军“作怪”。

图 5-3 “3Q 大战”微博“水军门”事件

再看京东事件的微博回复，每个支持京东的回复者，都是有“身份保证”的正常用户，而且细心的读者，可以发现在回复内容中的另一个小秘密：

网友自挂东南 zhi:“如果京东都不行，下次别哭着说其他的也不行。”

网友张默默:“个人觉得京东比淘宝靠谱得多，淘宝现在就是中国最大的卖山寨和假货的网站!”

网友刘皇叔是也:“第一次在亚马逊买了本书，送错了。第二次买了 16GB 的储存卡，用了没几个月，坏了。”

以上三个回复，除了在为京东解释外，淘宝、亚马逊也跟着“躺枪”。本来是京东的客户投诉，淘宝、亚马逊却被牵扯其中，个中原因，耐人寻味。

即便如此，依然无法断定，这些回复都是京东的“托儿”，但可以肯定的是，他们绝对不是“水军”。研究社会化媒体工具的人可能会发现个中细节，对于一般用户，只要看到微博中这么多赞赏、支持京东的回复，就会产生“从众心理”。本来也想抱怨的可能会放弃回复，本来不想回复的，也有可能为京东“叫几句屈”。可以说，这是一次危机公关的典范，企业微博运营人员可以深度参考。

麦当劳巧妙化解 3.15 危机

每年的 3.15 晚会之前，各大企业都是“战战兢兢”，生怕暗访记者盯上自己，惹上麻烦。2012 年 3.15 晚会，麦当劳成为“中枪”企业之一。

2012 年，3.15 晚会曝光了麦当劳存在“销售过期食品、回收已污染食品”等问题。在记者暗访镜头中，过期的香芋派被重新包装，或修改保质期；掉在地上的半成品被捡起来后再次加工……

3.15 晚会的麦当劳事件曝光 1 小时后，麦当劳的官方微博马上发布了公告，如图 5-4 所示。

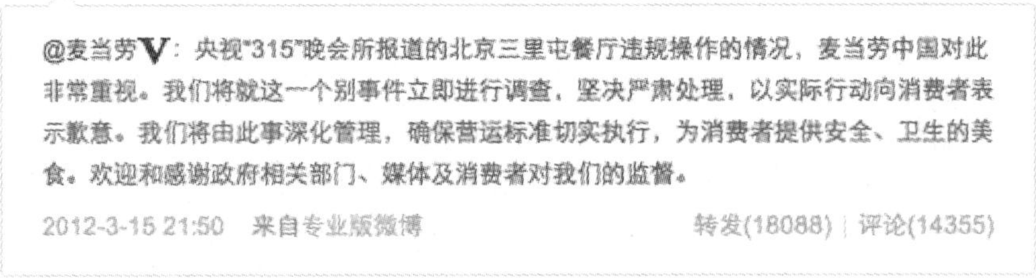

@麦当劳V：央视“315”晚会所报道的北京三里屯餐厅违规操作的情况，麦当劳中国对此非常重视。我们将就这一个别事件立即进行调查，坚决严肃处理，以实际行动向消费者表示歉意。我们将由此事深化管理，确保营运标准切实执行，为消费者提供安全、卫生的美食。欢迎和感谢政府相关部门、媒体及消费者对我们的监督。

2012-3-15 21:50 来自专业版微博　转发(18088) | 评论(14355)

图 5-4 麦当劳官方微博截图

麦当劳官方微博短短一百余字的回复，简单却不简约。接下来，我们分析下这个耐人寻味的一百来字的回复：

“央视 3.15 晚会所报道的北京三里屯餐厅违规操作的情况，麦当劳中国对此非常重视。”首先，麦当劳讲明事件原因：“北京三里屯店”，是加盟商违规操作，不是总部和产品出了问题。同时表明官方“非常重视”的姿态。

“我们将就这一个别事件立即进行调查，坚决严肃处理……深化管理……”请注意用词“这一个别事件”，个别，表明只是这一家店。“坚决”“严肃”“深化”“确保”，一系列的修饰词也是一种姿态。

“欢迎和感谢政府相关部门、媒体及消费者对我们的监督”，最后，麦当劳希望能有更多的企业、个体、政府单位监督——即便它不说，被 3.15 晚会曝光，工商也会去查，但这也是表明一种姿态。

麦当劳的反应并未就此结束。事发当晚，麦当劳中国召开高层电话会议，商议解决方案。隔天，麦当劳中国 CEO 发布公开文件，主动邀请工商局上门检查。

一系列的应对，让麦当劳“轻松地渡过难关”。3.15 晚会曝光的企业并非麦当劳一家，但第二天的新闻报道，更多的是在说“麦当劳的微博在曝光一个小时后就做出释疑解答”。

虽然当天被曝光的其他企业也先后在微博上做了说明，但因为不是第一个，因为没有麦当劳这么谨慎、这么优秀的文案，所以它们失去了先机。这个事件也再次证明：无论是营销、事件、客服、危机公关，永远要做第一个，因为只有第一个才会被人熟识。

微博危机公关用最快的速度处理，当机立断，这是一种智慧。谣言止于起始，当微博还没有造成很恶劣的影响时，有效的官方说明会转移客户矛头，扭转企业被动的局面。为之于未有，治之于未乱。

魏文王曾求教于名医扁鹊：“你们兄弟三人都精通医术，究竟谁的医术最高呢？”扁鹊说：“大哥最好，二哥次之，我最差。”魏王不解，说愿闻其详。扁鹊解释道：“大哥治病，是在患者病发之前，那时候病人尚不知道自己生病，大哥开简单的药即可治愈，所以大哥的医术并没有太大名气，只是在家里认可为第一。二哥治病，是在患者症状初起，病人只觉不适，二哥药到病除，所以在乡野，乡民们都以为二哥能治些小病。而我治病的患者，大都已到晚期，病人特别痛苦，家属非常着急，因为病入膏肓，我只有通过经脉穿刺、银针放血、以毒攻毒、做大手术以解决病人的痛苦。外人一看，我的治病手段独特，效果显著，所以都以为我是神医。”

微博运营人员可以从这个故事中，感受应该如何应对危机。不要高估对网民舆论导向的把控能力，要知道，最理智的人群在网民，最冲动的人群也在网民。

第一时间回复、抢占舆论高地、转移话题重点、减低网民愤怒，是微博危机公关的第一必遵法则。

5.6　危机公关第二式：空言为虚，实干为真

犯了错误，最常见的道歉方式有两种：一种是口头真诚地道歉，打动客户；一种是拿出真金白银赔偿。如果你是当事的客户方，你会选择哪一种？相信大部分客户都会选择实际的赔偿。真诚道歉只能平息客户暂时的怒火，却不

能解决根本问题。在企业微博危机公关应对策略中，“拿出实际行动”是最具有说服力的行为。

创立于2005年的小虫米子，起始资金2万元，目前年销售额2亿人民币，是淘宝双金冠店铺。2011年6月，小虫米子一款价格69元、拥有某纺织机构100%真丝检测报告的披肩当天即卖出2万件。

几天后，淘宝论坛出现一个质疑帖：某客户在购买披肩后感觉不像是真丝，并按照“土方法”，用打火机烧面料，通过烧后的状态和味道，客户断定这是涤纶面料。

接下来客户选择跟小虫米子客服沟通，客服的回复是：“在产品介绍页说的是100% SILK，SILK不是真丝的特指，还有蚕丝、丝绸、丝织品，并没有说100%真丝。”此时已愤怒的客户选择了较真到底。

几天后，客户将专业检测机构的检测报告，连同截图证明放在微博上，如图5-5所示，并通过淘宝论坛等其他社会化媒体平台公布相关信息，此事的影响力迅速扩大。淘宝官方开始介入调查。

邱家的花生：今天官方检测报告已经出来，用铁的事实证明小虫米子家的这件“真丝”披肩就是100%涤纶面料，马云重申网货本质是“货真价实、物美价廉”，网货的核心就是反对暴利，这样的卖家还有什么诚信可言！@大自然保护协会-马云 @淘宝逍遥子 @淘宝慧空 @姚碧波 @陶朱公贺学友 @淘宝保乂 @龙丸丸

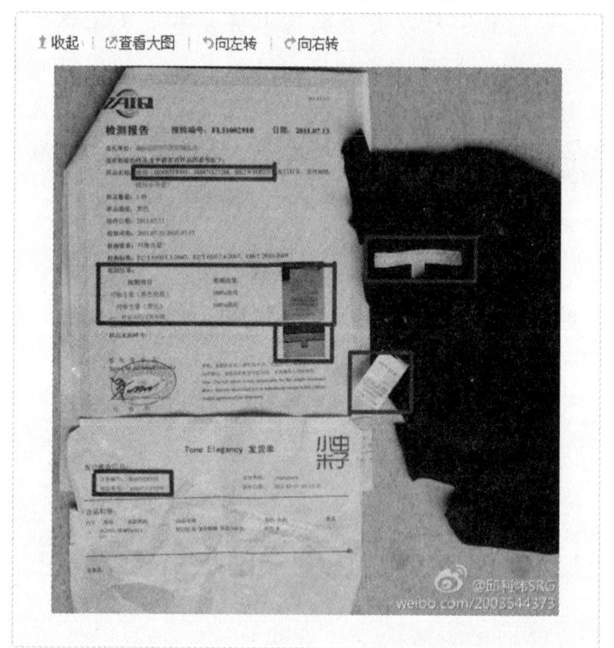

2011-7-14 17:47 来自新浪微博 | 转发(58) | 收藏 | 评论(25)

图5-5 质疑小虫米子的微博截图

7 月 18 日，淘宝官方给出处理结果：认定小虫米子所销售的披肩实物与描述不符，应在 7 天内将全额正价退款返还客户，并全部扣除参与此次聚划算的保证金。

几天后，小虫米子店铺发出一条公告，如图 5-6 所示。

对不起！
我们犯错了，这次错得很严重，没有任何推脱的理由！
对于已经发生的严重错误，我们感到非常的抱歉，
对于我们至亲的买家我们表示深深的歉意！
我们很后悔没能及时更快地解决问题，现在我们会竭尽全力，期望得到买家亲们的原谅！
也欢迎亲们以后的监督！

6.28 淘宝的聚划算活动中，我们准备了 20000 件小披肩（货号：WT00221）参加，由于对供应商管理不善、质检环节缺失，导致发出的商品中混杂了部分涤纶面料的商品，出现了实物与描述不符的情况，造成恶劣的信任危机。我们知道简单的道歉、退款退货已经不足以表达我们的歉意，所以，我们确定采用以下解决方案：

在 2011 年期间已成功购买该小披肩的所有买家，不管您购买的是真丝材质，还是涤纶材质，无需退还此商品，小虫米子仍以正价 138 元退款到买家支付宝即时到帐作为弥补（无论当时以多少价格购买）。

小虫米子将永远停止与该供应商的合作，并将加强对所有供应商的筛选、管理。

我们现在遇到了困难，所以，在我们最困难的时候，希望我们的买家亲们一定要守护在小虫米子身边，支持我们，帮我们度过难关。所有赔付会在 7 月底完成。22224 件商品，仅支付宝即时到帐赔付金额 306.6 万，到帐后会有短信息通知买家。

客服专用通道：
旺旺：小虫米子:售后 03；小虫米子:售后 04；小虫米子:售前 03；小虫米子:售前 04；小虫米子:F；小虫米子:1
专线电话：18688792281

图 5-6　小虫米子的道歉书

“对不起！”三个大字排在第一行，接下来是“我们犯错了，这次错得很严重，没有任何推脱的理由！对于已经发生的严重错误，我们感到非常的抱歉。对于我们至亲的买家我们表示深深的歉意！我们很后悔没能及时更快地解决问题，现在我们会竭尽全力，期望得到买家亲们的原谅！也欢迎亲们以后的监督！”

在这份道歉公告中，“严重、任何、至亲、深深、竭尽全力”等形容词足以表现出小虫米子的真诚。另据公告显示：2011 年已成功购买披肩的所有买家，无需退还商品，不管是正价还是聚划算优惠价，小虫米子统一以正价 138 元退款到客户支付宝。

当时实际销售 22224 件，按照聚划算 69 元和正价 138 元的差价，不算运费及披肩成本，小虫米子需要赔偿的费用就高达 306 万元。

赔偿完成后，9 月 1 日，小虫米子创始人之一木木发布了一条微博，如图 5-7 所示。

木木在微博中说到的“打给买家的款，又被她们频频退回”“公司的小朋友也空前团结……互相鼓励”，算是危机事件后的“最后总结”。

木木巧妙地将部分客户的退款（相信退还退款的客户数量应该不会太多），和公司内部齐心协力地应对危机结合在一起，包含了两个信号：“客户善解人意，员工齐心协力。”一方面赞赏了客户的理解，一方面也给团队员工鼓了气，

算是一个圆满的结束。

小虫米子木木：我其实不能确定小披肩事情是件好事还是坏事。对虫窝的买家，心里已经不是简单的感动二字可言，做赔付的几天，我们打给买家的款，又被她们频频退回，理由只有一个，衣服很好，支持虫窝。而公司的小朋友们也空前团结，她们在公司内网里传阅着买家的留言互相鼓励，那段时间，因为有着这些买家，我们过来了

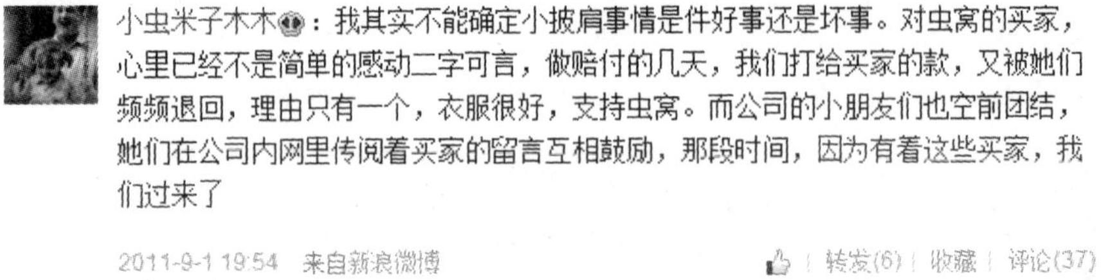

2011-9-1 19:54　来自新浪微博　　转发(6) | 收藏 | 评论(37)

图 5-7　小虫米子创始人之一木木微博截图

这次“聚划算事件”中，从客户提出疑问开始，到第一次客服解疑，再到检测报告、淘宝公告处理，以及后续的处理跟进，小虫米子的危机公关应对策略还是比较完善的。实际上，全额赔付也是必然的，不然淘宝官方会采取更严厉的措施。也就是说，除了按照淘宝规则来赔偿，小虫米子别无他路——除非关店。但通过后来对客户的反馈调查可以看出，综合满意度评分还是比较高的。客户不需要退货，还可以得到比购买价更高的补偿，等于客户没有任何损失，皆大欢喜的结果，很难让客户再有怨言。

微博公关的应对，应该是在保证客户利益基础之上，并及时针对给客户造成的损失，给予实实在在的补偿。客户是上帝，如果把自己的利益凌驾在客户之上，最终只会得到客户的唾弃。

5.7 危机公关第三式：“条理清晰，有条不紊”

“火车跑得快，全凭车头带。”一个企业能否持续良性运营，关键在于“头狼”的战略方针。微博危机公关也是一样。纵观以往的危机公关成败案例可见，战略定位远比战术细节更能解决问题。

作为企业高管，必须有良好的判断力，应该坚持或放弃，应该道歉或默声，都要根据事态的起因和发展，时刻调整方向。作为企业掌舵人，除了自己的定位准确外，还要有高效的团队协作。领导+员工，上下一条心，任何的危机都不会难以解决。作为中国第一“C2C”平台的淘宝，在 2010 年 10 月 10 日经历了一场惊心动魄的“战役”，此次事件充分显示出马云对危机公关的把控能力。

淘宝“伤城”事件

2010 年 10 月 10 日，淘宝商城公布新规则：入驻淘宝商场的卖家，每年服务费从原来 6000 元，提高到 3 万和 6 万两个档次；保证金也从 1 万提高到 5

万、10 万、15 万三个级别。

据淘宝商城总裁张勇解释，此次并非单纯提高年费标准，同时还设置了返还机制，只要商家动态服务评分达到 4.6 分，且交易规模达到一定水平，将部分或全额返还年费。而且保证金是冻结在商家支付宝账户的，只有违约才会扣除用于赔偿消费者，淘宝商城无权挪用。张勇称，商城此项规定并非清退小卖家，只是为了约束商城提供更高品质的商品和服务。

但一些较小规模的商城运营者还是难以接受。在一些人的煽动下，自 10 月 11 日晚 21:00 起，数千名自称“淘宝商城小店主”的用户，聚集在 YY 通讯平台，开始有组织地对淘宝商城大卖家进行攻击，如图 5-8 所示。这 7000 名所谓的“淘宝卖家”，为淘宝商城送上了一个突如其来的“10.11 事变”。

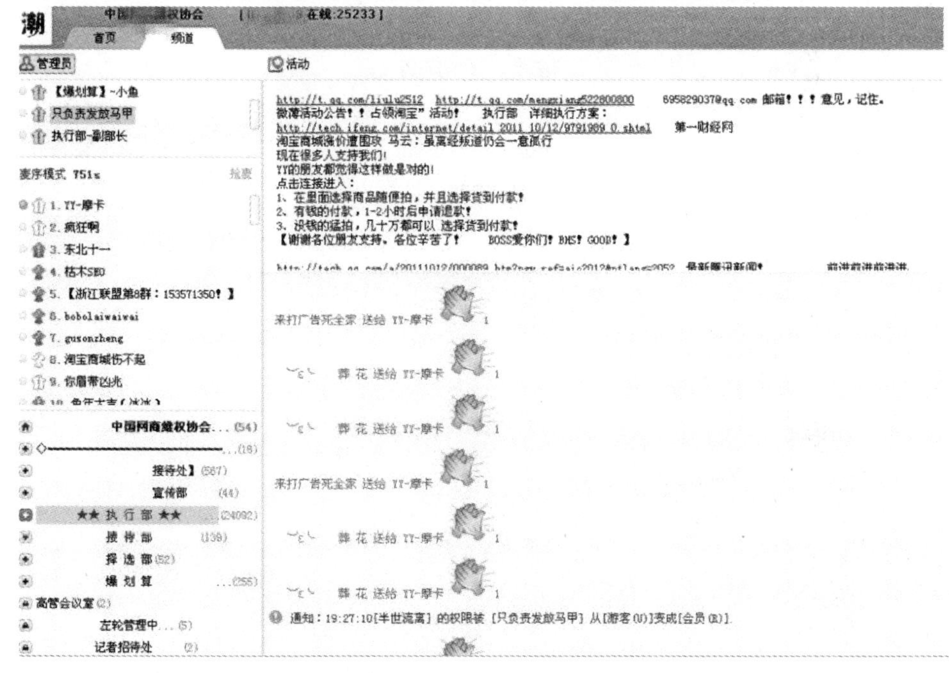

图 5-8　淘宝事件 YY 语音聊天室截图

当天晚上，包括韩都衣舍、欧莎、七格格、优衣库等淘宝商城大卖家，均遭遇了“拍商品、给差评、拒付款”等恶意操作行为。上述四家店铺的多款产品均被迫下架。由于韩都衣舍 CEO 赵迎光曾在微博抱怨，遭遇了更大浪潮的恶意攻击，韩都衣舍曾被迫全线商品下架。

而此时，YY 群的网民仍然在不断增加。其中，一些商家的竞争对手也潜伏其中，并恶意地对淘宝商城中销量较大的同行商户进行攻击。后来据阿里巴巴调查发现，发起攻击的 YY 群主要管理者，并不是淘宝小卖家，而是一些

“别有用心”的人。随着事件的深入调查，真相逐渐浮出水面。

经查证，带头攻击淘宝商城的主要人员均是之前在淘宝开店，销量较大，但因为违反淘宝规则，而被封店或被扣分的“店主”。随着事件的发酵，YY 群内部开始“内讧”，出现不同的声音。

微博博主“疯狂的藕片”爆料，YY 群的高管通过此次事件敛财，并非所谓的“道义之行”，如图 5-9 所示。

疯狂的藕片：YY群34158，承爱、黑麦，你们这些高管也太卑鄙了，辛辛苦苦组织半天，有点意见却被你们踢出来！！干活有我们份，分钱就没分，这就是你们的江湖？你们不仁别怪老子不义，以为没人知道你们的底？黑麦，金华姓沈的，在淘宝开店，旺旺上名字侠路逢生。要怕了就来找我们谈吧，你们知道办法的。。

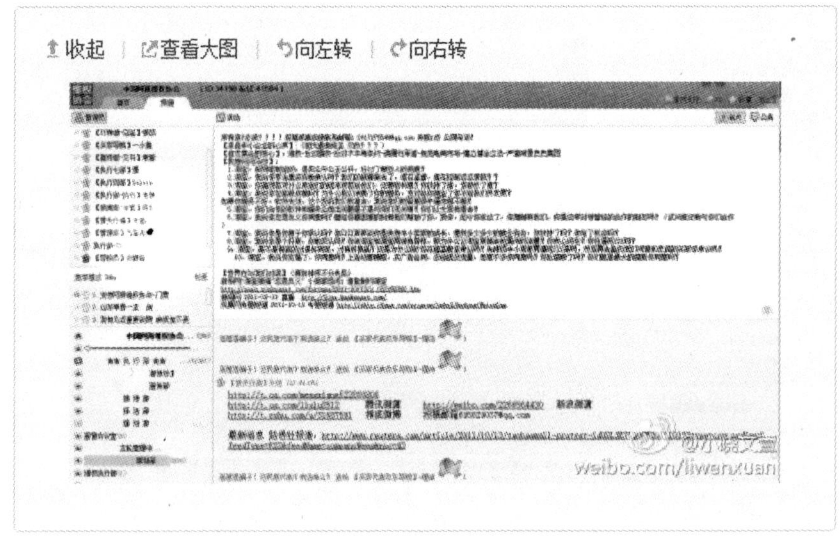

2011-10-15 16:15　来自新浪微博　　转发(744) | 收藏 | 评论(289)

图 5-9　YY 群内讧微博截图

但由于此次运动已经挑起很多不明真相的淘宝店主加入，一些曝光的声音并没有引起太大反应，还是不断有人通过恶意点击直通车广告、恶意拍产品、支付宝大量取现等操作来进行攻击，据调查，截止到 12 月初，共有 441 个关键词“惨遭恶意点击”，高峰时期点击量超过 60 万次。两个月内，淘宝直通车共被恶意点击超过 1000 万次，淘宝技术也不断在进行升级调整，避免商家利益受损。17 日，16 位“反淘宝联盟”的管理者甚至在香港时代广场为马云设置了灵堂，而淘宝官方的最新表态仍然是“不谈判、不妥协”。

在商务部的介入下，“反淘宝联盟”曾经宣布暂停攻击，等待淘宝给出的解决方案。17 日下午，阿里巴巴在杭州召开新闻发布会。马云仍然表示“原则绝不退让”，并表明阿里巴巴将投入 18 亿元，扶持淘宝商城卖家。

发布会公布决定：对于新规发布后入驻的淘宝商城卖家，新的年费标准自 1 月 1 日执行；老商城卖家，年费推迟到 10 月。在 2012 年内，商城卖家可以按照新规则的一半缴纳保证金，另一半则由阿里巴巴集团投资 10 亿元，作为消费者保证基金。除此外，阿里巴巴还将出资 5 亿元作为现金担保，为小商家向银行贷款提供担保支持。并且在原有预算基础上，对淘宝商城增加 3 亿元投资，用于市场推广和技术服务平台改善。

马云最后表示：“在 5 万多人中，真正参与攻击的有 5000 人，其中一半以上没有淘宝店，有店的也都被处罚过。当然来闹事的人，也不是毫无道理，我们政策想法是好的，方法还需要更多完善，需要沟通。在这次事件中，我们不是没有错，我们向大家道歉。”

历时十余日的“反淘宝事件”的关注度，终于逐渐下滑。阿里巴巴和“反淘宝联盟”的几次较量，马云始终坚持自己的原则，决不妥协。即便最后的解决方案，也只是“暂缓”，并未改变初衷。

在如此声势浩大的“反淘宝事件”中，强硬的马云始终站在风口浪尖，应对各方的攻击、辱骂。也正是因为他的坚持，让淘宝渡过了此次难关。试想，如果马云在这次事件中妥协，那未来的淘宝商城缺乏约束，将会拖垮商城品牌，最终损失会更大。

跟马云学危机公关

通过“反淘宝联盟”危机事件，经过淘宝官方的一系列措施应对，终于“化险为夷”。纵观全程，淘宝官方的应对策略，主要为以下七步：

（1）头旗不乱

作为淘宝的“总舵主”，马云始终坚持自己是正义一方。对于事件中各类可能引发更大规模反对的行为，马云都显示出临危不惧的精神，坚持自己当初的理念，以静制动，沉着应对。

（2）分工协作

在这次事件中，阿里巴巴/淘宝的各个部门分工协作：公关部、发言人打头阵，与媒体交流，解大众疑惑；技术部潜心研究对策，加强后台功能完善，规避“反淘宝联盟”的各种恶意操作；客服部不断与商场各大卖家和淘宝小商家进行沟通，耐心回复、安慰受损的商家。部门与部门之间密切协作，每个环节都没有出问题。

（3）统一口径

据内部人员透露，在“反淘宝事件”中，淘宝官方高层内部也有两种不同的声音，有人认为事件继续恶化可能会到无法收场的地步。但在经过高层会议讨论，定下“决不让步妥协”的主题方针后，一致认定，所有高层必须按照定下的方针处理。开会时可以有争吵，一旦决定，绝不能对外有分歧。因为高层的意见统一，给中层管理者和员工吃了一颗定心丸，让大家在处理事件中更有底气和信心。

（4）万众一心

阿里巴巴数万名员工也在此次事件中表现出极度的热忱，所有阿里人都在微博评论，并对“反淘宝联盟”的恶意行为进行谴责，如图 5-10 所示。

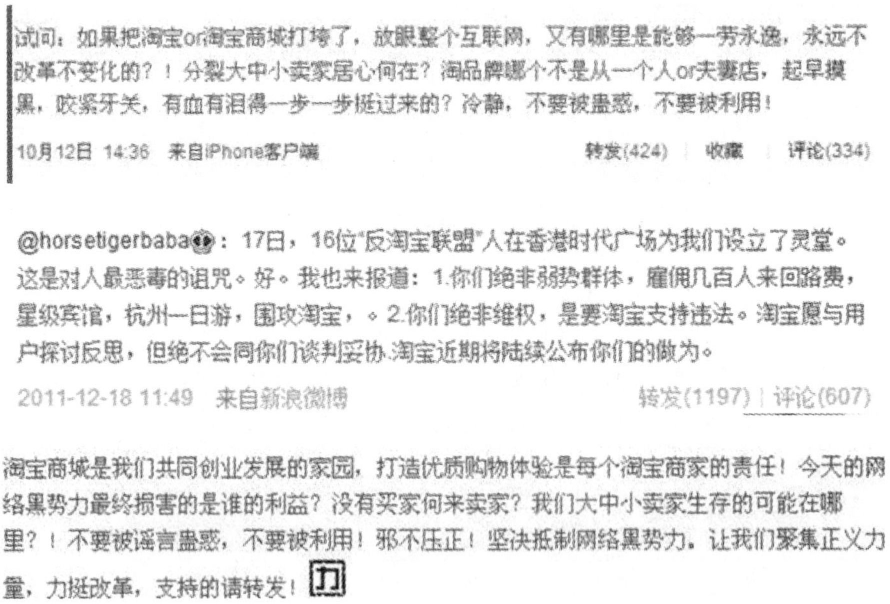

试问：如果把淘宝or淘宝商城打垮了，放眼整个互联网，又有哪里是能够一劳永逸，永远不改革不变化的？！分裂大中小卖家居心何在？淘品牌哪个不是从一个人or夫妻店，起早摸黑，咬紧牙关，有血有泪得一步一步挺过来的？冷静，不要被蛊惑，不要被利用！

10月12日 14:36 来自iPhone客户端　　转发(424) | 收藏 | 评论(334)

@horsetigerbaba：17日，16位"反淘宝联盟"人在香港时代广场为我们设立了灵堂。这是对人最恶毒的诅咒。好。我也来报道：1.你们绝非弱势群体，雇佣几百人来回路费，星级宾馆，杭州一日游，围攻淘宝，。2.你们绝非维权，是要淘宝支持违法。淘宝愿与用户探讨反思，但绝不会同你们谈判妥协.淘宝近期将陆续公布你们的做为。

2011-12-18 11:49 来自新浪微博　　转发(1197) | 评论(607)

淘宝商城是我们共同创业发展的家园，打造优质购物体验是每个淘宝商家的责任！今天的网络黑势力最终损害的是谁的利益？没有买家何来卖家？我们大中小卖家生存的可能在哪里？！不要被谣言蛊惑，不要被利用！邪不压正！坚决抵制网络黑势力。让我们聚集正义力量，力挺改革，支持的请转发！

图 5-10　阿里巴巴员工微博截图

更为关键的是，很多阿里巴巴离职的员工，也在为淘宝叫屈，谴责“行凶者”。阿里巴巴的企业文化，对员工责任心的培养程度可见一斑。

（5）找准七寸

找准问题的最关键点才是事件解决的根本。淘宝官方很快发现“反淘宝联盟”并非是淘宝店主，而是遭受淘宝处分因而怀恨在心的“前店主”。一旦确定这个，“反淘宝”的出发点就不再是为所有淘宝商城卖家代言，而是“公报私仇”“满足自己私利”。当大家看清这些“反淘宝联盟”管理者的真实身份后，便会有更清晰的判断。

（6）坚持正义

企业危机爆发期的压力，没有经历过的人很难体会到。没有遭遇时，人们可以保持清醒的头脑。一旦舆论盛行，很多企业主便会朝令夕改，畏首畏尾。而当领导人的思维被打乱时，应对策略便会出现偏差。马云在这次事件中始终坚持，即便再大风浪，不改初衷。虽然最后有“延后半年、保证金减半”，但这些妥协也是在经过政府的协调后作出的让步，并不是给那些“反淘宝联盟”成员的。马云在采访中也曾表态：“自己并非没有错，并对在这次事件中受到伤害的淘宝店主表示歉意。”

坚持正义，坚持原则，坚持邪不压正，让淘宝用最短的时间，顺利化解了自成立以来的最大一次危机。

第 6 章　微博附属功能运用及操作技巧

6.1 微吧：找到你的“大本营”

微吧（http://weiba.weibo.com/）功能与百度贴吧功能较为相似。目前，新浪微博的微吧功能，主要分为热门、生活、情感、娱乐、影视、同城、动漫、宠物、明星、体育等几个版块。

微吧营销可从以下几个流程着手。

1．申请开通微吧（例如“微公益”吧，如图 6-1 所示）

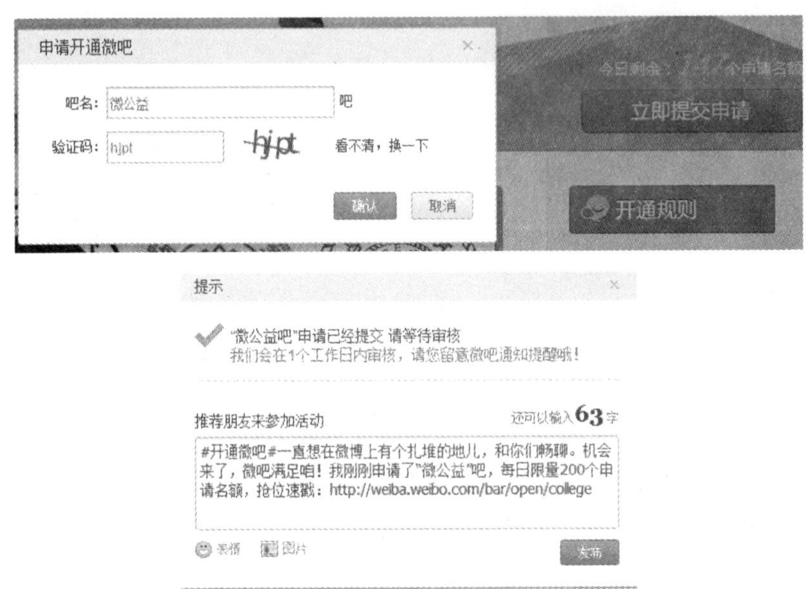

图 6-1

微吧的定位是“一起扎堆吧”，由此可见微吧的定位，是一个“小众圈子”交流的平台。这个平台的成员具有爱好相似的特性。也正因为如此，对于一些特定的产品客户群来说，营销对接的效果才最直接。例如，某企业主营业务是体育用品，如果在“体育”微吧中经常发帖，与吧友交流，产生直接交易的可能性就很大。或者某些做本地化服务的企业，可以在“同城”版块中经常发起活动，作为主办方或赞助方，可以尽快地融入到“同城”本地的微吧圈子，提升知名度和成交量。

玩微吧需要有话语权，如自己是微吧创立者，就拥有了活动主办、线上交流、线下活动的话语权。运用吧主“权力”，可以先培养出忠实的微友，然后再借助众人之力，将微吧做大。有了影响力和话语权，营销的目的就很容易达到了。

2．申请管理员或专家

微吧创立者只能有一个，而地区类、产品类的微吧早已被他人创建。此时想要运用微吧营销的运营者，可以考虑成为“吧主”和“专家”。（图 6-2 所示为新浪第一微吧“杂谈吧”的吧主和专家）

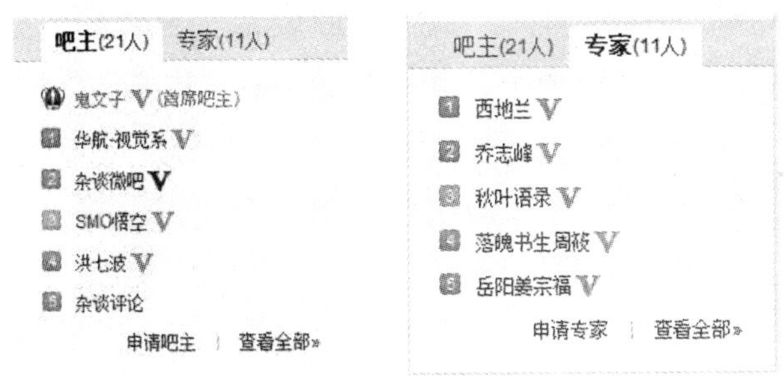

图 6-2

申请吧主需满足的条件，如图 6-3 所示。

图 6-3　申请吧主需满足的条件

申请专家需满足的条件，如图 6-4 所示。

图 6-4　申请专家需满足的条件

吧主和专家需要有一定的社会知名度，想要成为吧主或专家，可以在贴吧多多发言，多参加各类活动。

3．发帖技巧

微吧发帖要与微吧定位相符，也可以发些时事解读、最新消息的帖子。但要注意发帖内容不能过于广告化，新浪对纯广告性质的帖子，打击力度非常大，也很容易被管理员和吧主删帖。微吧发帖示意如图 6-5 所示。

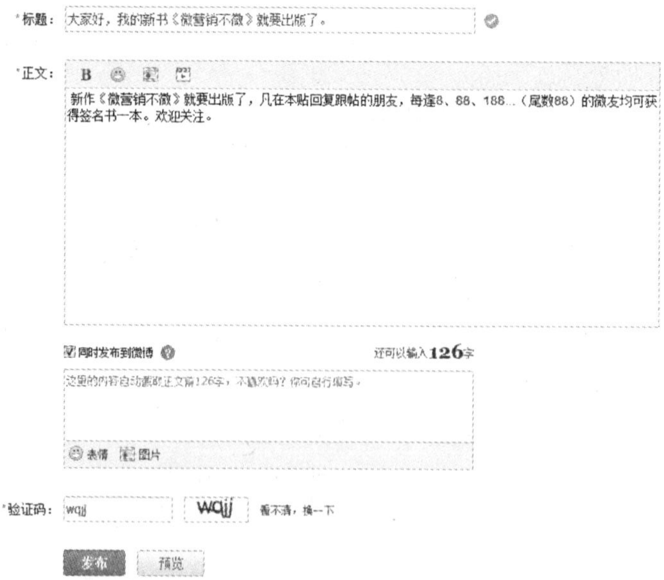

*标题：大家好，我的新书《微营销不微》就要出版了。

*正文：新作《微营销不微》就要出版了，凡在本贴回复跟帖的朋友，每逢8、88、188...（尾数88）的微友均可获得签名书一本。欢迎关注。

同时发布到微博　还可以输入126字

这里的内容自动截取正文前126字，不满意吗？你可自行编写。

表情　图片

*验证码：wqjj　看不清，换一下

发布　预览

图 6-5　微吧发帖示意图

在发帖时，建议选择“同时发布到微博”，这样会自动生成并发送一条独立微博，就可以实现微吧、微博两者粉丝用户群体重合的双重营销效果。

6.2 微群：组建你的“粉丝群”

微群（http://q.weibo.com/）的定位与 QQ 群较为相似，如果将微吧定位成全公开的“论坛圈子”，那微群就是较为私密的“自群体圈子”。微吧是一个公开的圈子（相当于微博），微群是半封闭的圈子（相当于微信），微群的定位主要是内部交流，因此微群营销要从人脉和关系入手。

1．创建微群

新浪微群分为“公开群”和“私密群”两类。创立公开群需要满足“有头像、绑定手机、100 粉丝”三个条件，创立私密群需要满足“有头像、绑定手机、10 条微博”三个条件，如图 6-6 所示。单个微博博主创立公开群和私密群的名额均为 2 个。

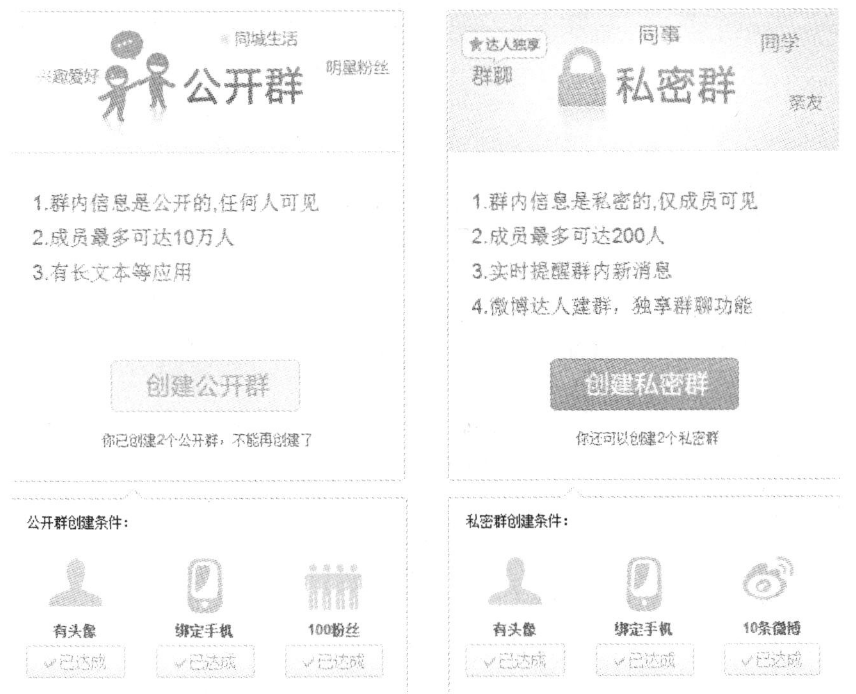

图 6-6　新浪微群公开群及私密群

2．推广微群

创立微群后，可以通过系统自带的“邀请好友”和“推荐到微博”功能进行推广。

（1）邀请好友

邀请好友主要有邀请微博好友、链接邀请站外好友、邀请 MSN 联系人三种方式。邀请微博好友的效果最直接，如图 6-7 所示。微博好友，根据与博主互相关注的先后顺序排列，最多可选 500 位。

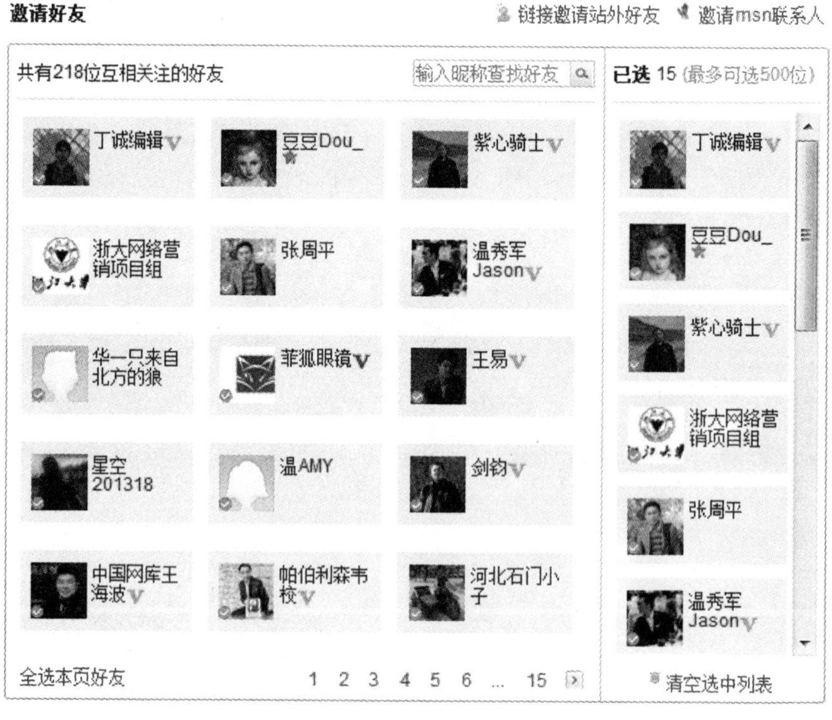

图 6-7　邀请微博好友方式

这一步操作非常重要。与博主互粉证明彼此有了解，如果群定位与互粉好友爱好相关，则很容易吸引加入，快速积累第一批微群群友。

“链接邀请站外好友”是直接提炼微群网址，运营者可以通过 QQ、MSN、电子邮件等发送链接给其他用户。这种方式的受众群体不一定有新浪微博，所以实际成功率和效果不如“邀请微博好友”直接。

“邀请 MSN 联系人”是用户可以通过登录 MSN，直接向已开通新浪微博的“MSN 好友”发送链接邀请，如图 6-8 所示。

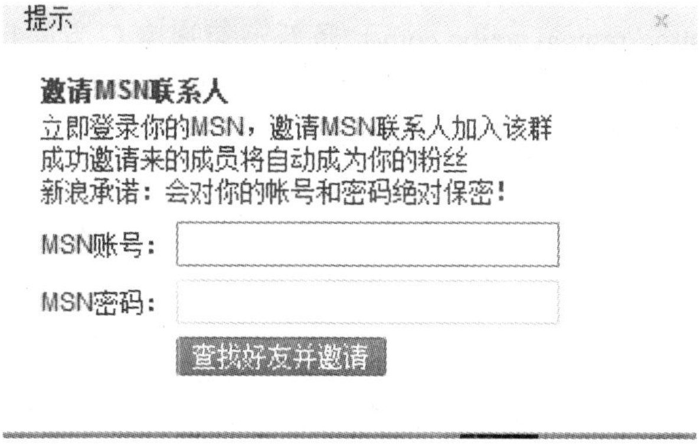

提示

邀请MSN联系人
立即登录你的MSN，邀请MSN联系人加入该群
成功邀请来的成员将自动成为你的粉丝
新浪承诺：会对你的帐号和密码绝对保密！
MSN账号：
MSN密码：
查找好友并邀请

图 6-8　邀请 MSN 联系人

（2）推荐到微博

“推荐到微博”功能，是根据微博运营者关注人群的先后顺序排列。选中“@”好友后，会以一条微博的形式发送，如图 6-9 所示。

图 6-9　推荐到微博

图 6-13 作者发布的图书合作信息截图

图 6-14 电子商务行业圈

6.4 微数据：熟知你的微博和“粉丝”

微数据（http://data.weibo.com/mydata）是加强用户对粉丝了解的专业化数据分析平台。微数据主要包含微数据（影响力分析、博文分析、粉丝分析、关注分析、人脉关系分析等）、风云榜、微指数和微报告四大类别，如图 6-15 所示。由于篇幅受限，仅介绍“微数据”部分内容。

图 6-15　微数据

影响力分析

① 个人微博数据

影响力评分是按照活跃度、传播力、覆盖度来决定的。活跃度主要包含“原创微博、转发次数、评论次数、私信数”；传播力主要包含“原创被转发、原创被评论”；覆盖度主要包含“新粉丝、被关注”。影响力越高，证明微博的运营效果越佳。

② 博文分析：博文分析主要包含“微博热帖、同城热帖、关注热帖、我的

热帖”等方面。

③ 我的粉丝：我的粉丝主要包含“粉丝分析、铁杆粉丝、粉丝趋势”等方面。

④ 我的关注：我的关注主要包含“关注分析”。

⑤ 看关系：看关系包含“六度人脉、人脉关系图”两个方面。

通过“微数据”分析，可以更清晰地看到微博在运营中的一些现状和不足。用数据说话，可以让微博运营策略调整方案更具有可操作性和参考性。此外，也可以通过风云榜、微指数、微报告等数据了解最新的微博动态。

② 企业用户数据

企业微博的数据分析也同样重要，主要分为商情监控、影响力分析、粉丝分析、微博页面分析、应用分析五个版块，如图 6-16 所示。

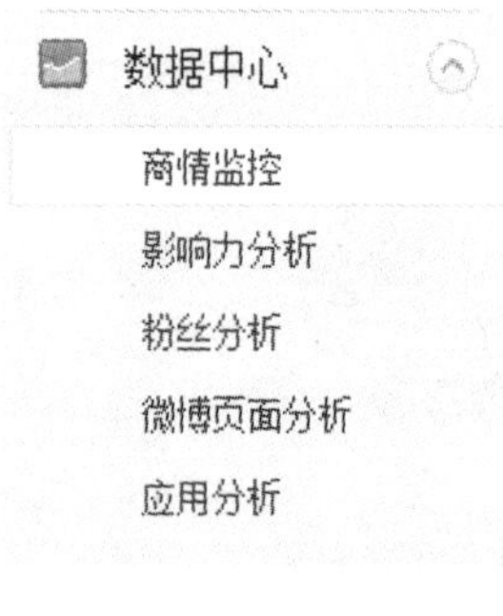

图 6-16

商情监控

商情监控是由微博运营方设置“关键词”，微博系统后台会挑选、推送包含此关键词的微博。

点击“添加关键词”，输入与企业产品、名称、品牌相符的关键词，如道衍商务（公司名）、企业培训（公司业务）、400 电话（公司产品）、e8fax（公司品牌）等，点击确定，3 小时内即可显示包含该关键词的所有微博内容。

通过后台统计，可以查询到包含此关键词的发博量、发博人数，并可根据“近 24 小时、近 7 天、近 30 天”的时间排序显示。还可以通过精确挑选，设置发博者的用户身份（认证用户、达人等）、性别、地区等精确筛选数据。商情监控案例如图 6-17 所示。

另外也可以设置关键词的提醒方式，目前有短信、邮件、私信三种，推荐使用私信提醒功能。

友情提示：目前“商情监控”功能，仅能设置一个关键词。

提醒及管理　　添加关键词　返回

	关键词	提醒条件	操作
1	400电话	近24小时内,有含关键词的博文数量超过 0 次	

提醒方式

短信提醒　请输入手机号

邮件提醒　weibo@sina.cn

私信提醒（通知本账号，账号需要关注 微博舆情监控系统 方可收到私信）

保存修改

图 6-17　商情监控案例示意图

影响力分析

影响力分析主要包含微博指数、微博互动、管理统计、短链分析四部分，如图 6-18 所示。

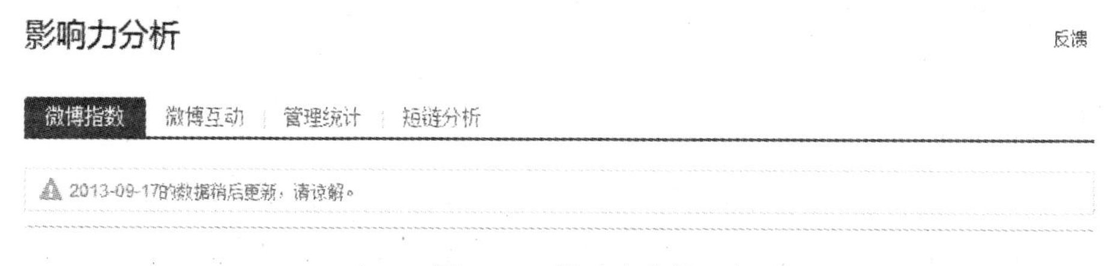

图 6-18　影响力分析

微博指数

通过微博指数，可以看到每日净增粉丝数、活跃粉丝比、博文曝光量等，如图 6-19 所示。通过数据和波线走势图，也可以了解到微博最新动态，并根据微博的曝光量、粉丝增加量等的数据差，及时调整发布内容。

粉丝分析

粉丝分析包含粉丝质量、粉丝特征、粉丝习惯、粉丝分组四部分，如图 6-20 所示。

通过粉丝分析，可以看到昨日粉丝、近 7 天净增粉丝、新关注粉丝、取消关注粉丝数量，也可以通过粉丝数、活跃粉丝、互动粉丝的对比图了解。

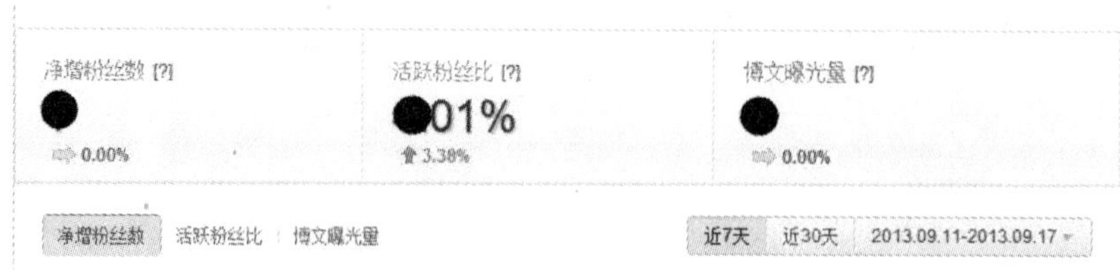

图 6-19　微博指数

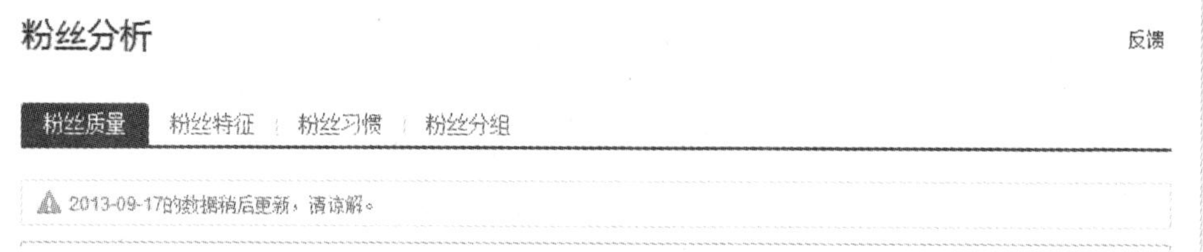

图 6-20　粉丝分析

粉丝质量：

包含粉丝质量分析、粉丝的粉丝等信息。通过粉丝质量可以了解到僵尸粉、普通粉和忠实粉丝的比例。

粉丝特征：

包含粉丝注册微博时长，成为粉丝时长，粉丝性别、年龄、标签、地区等综合信息。一般情况下，微博注册时间和成为粉丝的时间越长，则粉丝的质量越高。通过粉丝性别、年龄、标签、地区，还可以对所有微博粉丝有详细的了解，对于产品定位较为明确的化妆品（女性粉丝多）、香烟（男性粉丝多），或做地区化服务及产品（本地用户数量多）的企业来说，微博的粉丝特征将会提供更明确的客户群体性格。

粉丝习惯：

粉丝习惯主要包含日活跃时段（如图 6-21 所示）、周活跃时段（如图 6-22 所示）、7 日手机使用比例、7 日移动客服端使用比例等信息。

通过日活跃和周活跃粉丝的对比图，可以调整微博的发送频率和数量，尽量选择在客户活跃的时段多发微博、发重要微博，以达到微博营销效果最佳化。

粉丝筛选：

粉丝筛选功能，是根据年龄、性别、地区、成为粉丝时长、粉丝微博年龄等信息分类挑选，如图 6-23 所示。这个功能可用于产品定向客户调研、产品试用群体选择等。例如，公司新出了一款针对 22～28 岁女性的防晒霜，则可以根据上述筛选功能，选择定位精准的粉丝进行产品试用。

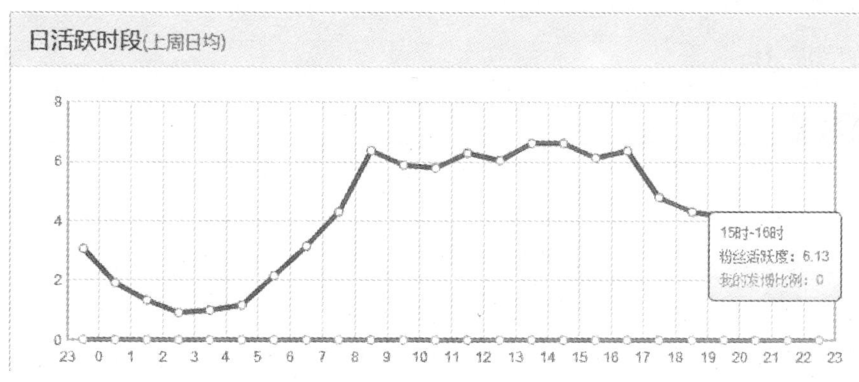

图 6-21　日活跃时段

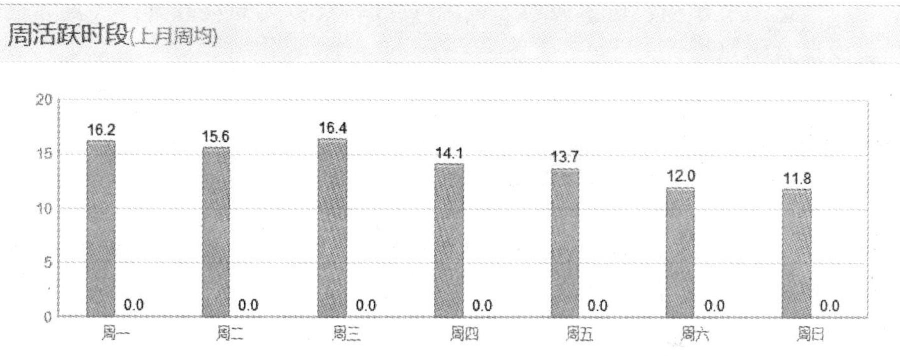

图 6-22　周活跃时段

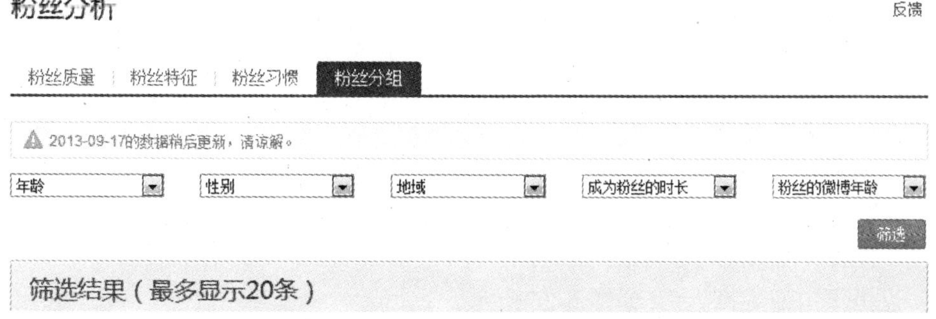

图 6-23　粉丝分析

微博页面分析

微博页面分析，主要包含页面分析、来源分析两部分，如图 6-24 所示。

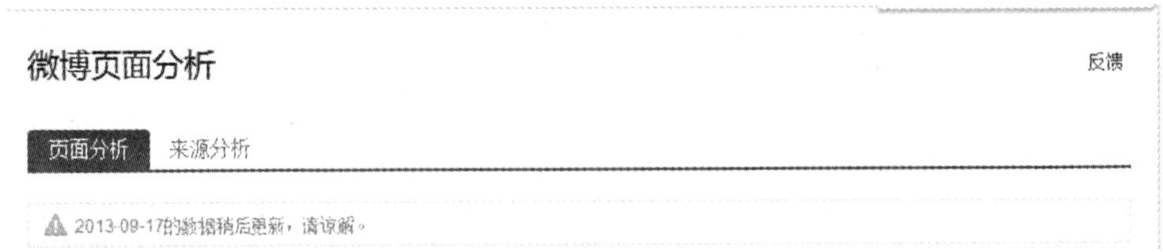

微博页面分析
反馈
页面分析 来源分析
2013-09-17的数据稍后更新，请谅解。

图 6-24 微博页面分析

页面流量分析可以选择浏览量 PV、独立访客 UV、评价访问时长的走势图查阅不同时段的数量。还有新老访客分析（新访客及老访客的访问量、访问时长、访客数对比）以及昨日的访客数量、年龄、地区等详细数据。

来源分析：

来源分析主要是用户进入微博的来源 URL，比如是直接打开，还是通过微博主页或搜索引擎等。

6.5 微话题：“我是主持人”

微话题（http://huati.weibo.com）是微博特有的功能，相当于博客内链功能的微博“特有产物”。通过“##”，用户点击后，会出现所有带“##”话题的微博内容，从而便于用户查找分类。微话题也是博主自制热门话题，以区分原创、转载和自我微博特色展示的主要工具。

微话题栏目都是微博最新的热门话题，主要以“同城、社会、电影、电视剧、电视、美食、情感、娱乐八卦、体育、动漫、科技、财经、工艺、旅游、读书、活动、其他”为分类。

通过微话题，微博运营者可以了解到各个细分的热门话题，并根据公司、产品、品牌等特色，在相对应的话题中发布微博。

前不久微话题推出了“我是主持人”的功能。

在微博中，如果连续输入两个“#”号，并在这两个“#”号之间输入文字，那这部分文字就属于自创话题了，如#照关月谈#，在页面会出现“申请主持人”字样，如图 6-25 所示。

点击“申请主持人”，如图 6-26 所示。

点击“确定”，如图 6-27 所示。

点击“编辑”：

设置导语为图文或纯文本格式，选择分类，填写标签，可以在高级模块设置“主持人推荐”“观点 PK”“热门微博”等内容。设置成功后，当有客户点击

“#照关月谈#”话题时，形式如图 6-29 所示。

图 6-25

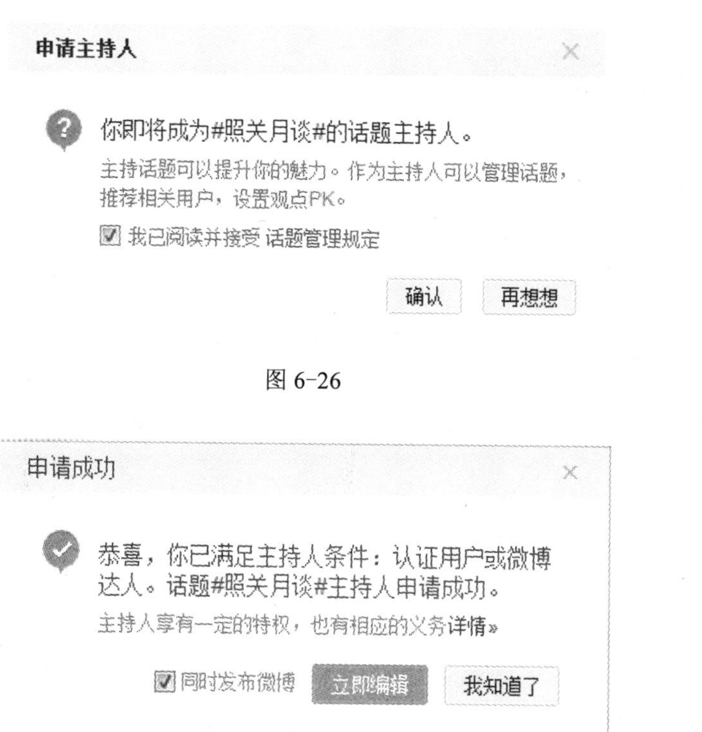

图 6-26

图 6-27

图 6-29 右侧会出现“话题主持人”及“推荐关注”（可自行设置）的头像 ID。并且话题显示的微博内容，也可以由主持人自行设置推荐或置顶。

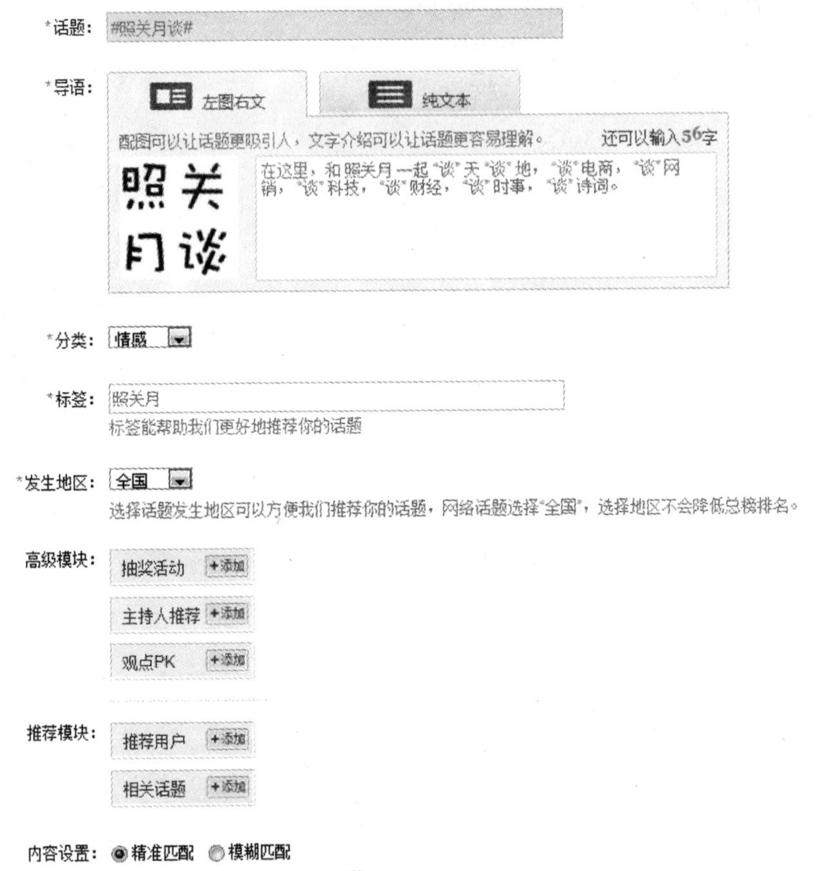

图 6-28 “我是主持人”话题编辑示意图

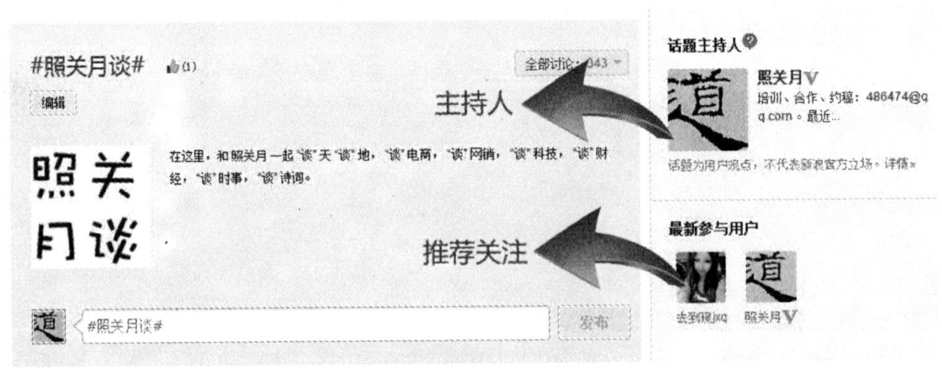

图 6-29

友情提醒：申请“我是主持人”必须是认证或达人用户，并且申请成功后，主持人所申请的话题讨论量，每周不得少于 5 条，否则将会收回主持人身份。收回主持人身份后，如无其他人申请，原申请人可再次申请。

6.6 微博活动：运作好你的“增粉利器”

微博活动（http://event.weibo.com/）是微博针对企业及个人用户推出的“有奖激励”活动。通过微活动，由微博运营者提供奖品，通过同城、有奖、线下等活动方式，调动其他用户的互动积极性。

图 6-30　微博活动页面截图

微博活动主要分为同城活动（演出/电影、生活/聚会、旅行/户外、展览/沙龙、体育/健身、公益/环保、派对/夜店、作品征集、市集/游园、打折/促销、其他等）、有奖活动（大转盘、砸金蛋、有奖转发、其他等）、线下活动（晒照片、送祝福、测试/星座、娱乐互动等）三大类。

微博活动的成败取决于文案、图片、活动方式等综合因素，但奖品设计环节最为重要。奖品设计要遵循“大奖大、小奖多、优惠券”三大原则。“大奖大”就是大奖一定要大，例如 iPhone5S、笔记本电脑等，奖品越大，吸引的客户关注热度就越高。“小奖多”，如果不想用大奖，可以将小奖设置多些，中奖率高了，客户参与的热情也才大。“优惠券”，就是使用自己产品的优惠券，可以达到以线上活动带动线下交易的双赢效果。

图 6-31　作者在 2011 年测试发起的一次微活动

6.7 微名片：秀出你的“微博名片”

微名片（http://mingpian.weibo.cn/）是新浪微博为方便圈内好友交流，于 2012 年推出的一项功能。点击“编辑我的名片”，如图 6-32 所示。

微名片照片，默认与新浪微博头像同步。公司名称和邮箱、QQ、微博等也默认为新浪微博资料。用户只需输入手机号码、电话、传真即可。“我的关键词”，系统默认与微博“标签”相同。因为微名片是偏个人社交的功能，所以可以适当做下修改。资料填写完整后，点击导入，如图 6-33 所示。

图 6-32　微名片创立示意举例图

图 6-33

此时可以先“全选”好友，批量交换名片，或者点击“立即进入微名片”，出现如图 6-34 所示提示。

图 6-34

建议选择“秀到微博”，以便更多的粉丝可以看到微名片。接下来选择主页左侧导航栏的“我要交换名片”，在左侧出现的好友中，选择想要交换的用户，在跳出的新窗口选择确定后，对方即会收到一条“微名片”的推送信息，如图 6-35 所示。

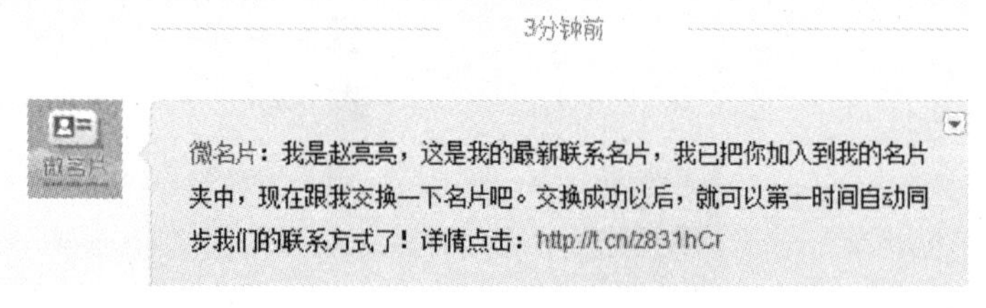

图 6-35

打开链接，选择“交换名片”，即可在左侧菜单栏“我的名片夹/已交换名片”中找到好友的微名片。

微名片是打通线上社会化媒体平台和线下手机联络的通道。通过微名片可以微博好友分组，并保留二级微博好友（非常用联系人）的 QQ、手机、邮箱、公司名称、地址等信息，实现线上、线下结合的双重信息互知。

第三部分　微信营销实战策略

第 7 章　了解微信的“前世今生”

7.1 社会化媒体平台的“三个时代”

1987 年 9 月 20 日 20 点 55 分，中国成功发出第一份电子邮件，开始真正踏上国际互联网的轨道。1995 年 5 月，中国第一家互联网公司瀛海威成立。

作为中国互联网的传道者，在当时大部分中国老百姓还不知道互联网为何物，中国全部上网人数还不足 8 万人时，瀛海威做了第一家“吃螃蟹”的互联网企业。自此后，搜狐、网易、百度、新浪、阿里巴巴等一系列互联网企业开始在中国崭露头角，并逐渐成为中国乃至世界的互联网巨头。

从确定“电子商务”的概念，到“社会化媒体营销”的真正兴起，距今不过十几年。如果说互联网是一次跨时代的革命，那电子商务就是传统“走商”转“网商”的转折。而社会化媒体则是电子商务营销的又一个创新。

有了互联网，传统的营销企业开始逐渐发现电子商务的商机。此时，宣传和推广成为“当务之急”。几乎在付费推广萌芽的同时，智慧的互联网人便已经开始琢磨免费的营销渠道和工具，社会化媒体营销便应运而生了。

社会化媒体营销的变革不足十年，大体上可以分为“BBS/博客时代、微博时代、微信时代”。这三个时代中，BBS/博客时代至少占据了五年的时间。直到 2010 年 10 月，曹国伟注册“微梦创科网络科技（中国）有限公司”；2010 年底，注册用户突破 1 亿；2011 年 4 月，新浪微博启用 weibo.com 独立域名时，才显露出新浪微博所占有的用户已经足够庞大。在这之后，微博开始被越来越多的用户接受和喜欢。

然而几乎在微博被众人熟识的同时，2011 年 1 月，微信推出了。微信上线后 14 个月，用户突破 1 亿；6 个月后，微信注册用户突破 2 亿；从 2 亿到 3 亿用户，又缩短到4个月。新浪微博用户达到3亿用了31个月，而微信仅仅用了24个月。

通过BBS/博客、微博、微信三大时代的发展历程和时间，可以看到用户在接受新事物的周期上一再压缩。纵观三大时代的特色：BBS/博客，需要用户坐在电脑前，运用“双手双脚”畅游互联网；微博时代，用户可以移动使用，“解放了双脚”；微信时代，只需一只手按语音，即可将信息传递给另一方。微信不但解放了“双脚”，还解放了“一只手”——可以预测的是，未来的移动互联网会进入更智能化的时代——解放双手双脚，甚至解放人的大脑。

7.2 那些“微信”们

在即时通讯软件QQ“盛行”的时代，中国移动率先嗅到了“即时通讯软件”的前景。2007年5月，中国移动正式推出“飞信”软件。

中国移动给飞信的定位是：“综合通讯服务，即融合语音（IVR）、GPRS、短信等多种通讯方式，覆盖‘完全实时、准实时、非实时’的客户通信需求，实现互联网和移动网间的无缝通信服务。”

飞信可以实现PC端免费发送短信给手机，是第一个运营商“自革命”的软件。但对于语音，除了“PC To PC”的方式免费外，其他定向语音通信还要收取一定的语聊费用。

2011年1月，微信软件上线。“免费对讲语聊”的功能，瞬间吸引了数以万计的用户，增长幅度也迅速超过当时的社会化媒体巨头微博。同年9月，中国移动数据部推出新产品“飞聊”。

在飞信功能的基础上，飞聊可以实现跨平台免费短信发送，还可以通过手机网络免费发送语音、视频、涂鸦、位置等信息。这一点，不得不佩服三大运营商第一巨头中国移动的市场嗅觉和敢作敢为、敢为天下先的姿态。

微信的“前身”可以追溯到Kik软件。Kik是一款非常简单的跨平台即时通讯软件。它没有发照片、附件的功能，却在上线15天内吸引了100万的注册用户。

Kik软件的注册过程很有趣，需要用户输入电话号码和邮箱，然后这些信息会上传到Kik服务器。之后系统会自动推荐在通讯录中同样安装了Kik软件的联系人，进行智能匹配、推送，并询问是否愿意与此人成为Kik好友。

将即时通讯软件和运营商通讯录打通，这是Kik作为软件与互联网正式捆绑的第一次成功试水。2013年4月23日，Kik获得B轮融资1950万美金。由此可见，在国外，打通互联网和运营商的软件或机构，也是众多风投追逐的对象，其发展潜力只分时势，不分国界。

中国的第一家“Kik”并不是微信，而是 2010 年 12 月由小米公司推出的“米聊”。当时“凡客体”正盛行，米聊的宣传语是：“爱免费，更爱实时状态，比短信方便，不愁话费账单。新奇的沟通方式，我不是 QQ，也不是飞信，我是米聊。”米聊的定义，更完善地阐述了“类 Kik”软件的功能。

事实上，在 2010 年 11 月，微信已经正式立项。但直到 2011 年 1 月 21 日才推出 iOS 版。随后几天，微信陆续推出了安卓和塞班版本。在推出之初，很少有人会想到，微信会改变整个互联网用户的通信方式。

与微信功能相似的产品，还有陌陌、神聊、沃友（中国联通）、翼聊（中国电信）等，如图 7-1 所示。运营商陆续推出类似软件，也是迫于移动互联网对电信运营商市场的冲击。

图 7-1　与微信功能相似的软件

7.3 定义微信：“双五平台化”

微信的官方定义是：“微信，是一款跨平台的通信工具。支持单人、多人参与，通过手机网络发送语音、图片、文字、地图、视频等，带给您全新的消息体验。您可以使用微信随时随地联系身边的朋友。”

1．五大平台

通过微信定义可以看出，微信是一个集“通信、社交、阅读、支付、娱乐”为一体的综合平台。

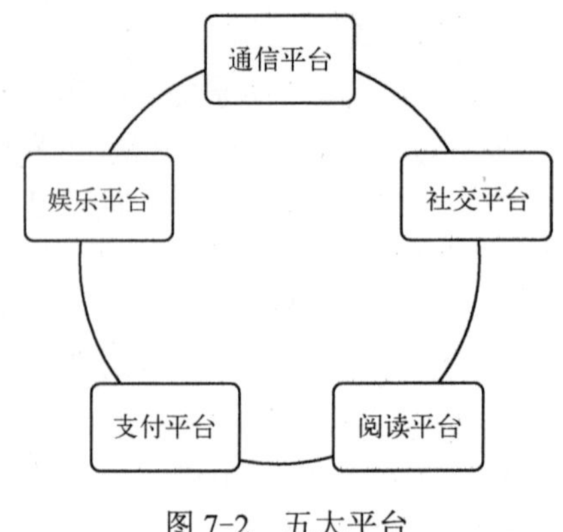

图 7-2　五大平台

（1）通信平台

微信具有发送语音、文字、图片、视频的功能，首先可确定“通信平台”是微信的第一大功能。

（2）社交平台

通过微信朋友圈发布信息，可以实现小众圈子的内部交流、信息分享。而其多人群聊功能，又集合了“好友扎堆”的功能。因此微信的第二个功能是社交平台。

（3）阅读平台

相对于微博 140 字的限制，和博客必须 RSS 订阅或始终关注才能阅读到更新博文来说，微信不受字数限制，还可加图片、视频等，这就是“阅读平台”的功能体现。目前越来越多的“自媒体”微信公众平台，已经积累到百万之多的听众粉丝。

（4）支付平台

腾讯曾一度面临通过拍拍、网购等一系列变革，都无法抢占电商平台的尴尬局面，却因为微信 5.0 版本中加入了“微信支付”功能，抢先淘宝一步，率先踏入移动互联网购物的蓝海。

（5）娱乐平台

微信 5.0 版本上线后，内置的“打飞机”游戏，参与人数曾达到“盛况空前”的程度。当时，几乎所有微友都在为获得“打飞机”第一名而彻夜不眠。之后推出的“天天爱消除”“节奏大师”“天天酷跑”“天天联盟”等游戏，也获得了不少手游爱好者的喜欢和追捧。

2．五大化

微信有别于微博、即时通讯等其他社会化媒体平台，综合来说，主要有私密化、共享化、综合化、互动化、移动化五大化特色，如图 7-3 所示。

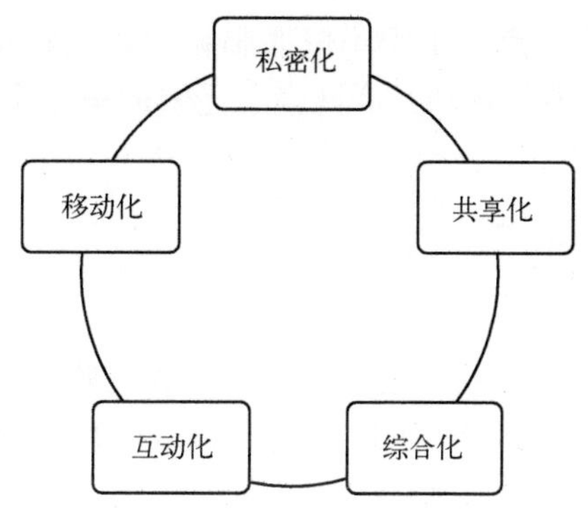

图 7-3　微信功能“五大化”特色

（1）私密化

微博“广而告之”的特性，只要被关注，用户就可以看到所发的所有内容。即便没有关注，也可以直接打开微博主页查看到。而且，搜索引擎已经覆盖了新浪、腾讯、搜狐等几乎所有微博平台的内容信息。而对于微信来说，除了互相关注的圈子好友外，其他用户都无法看到微信内容。

（2）共享化

为规避微信个人账户太过私密化，不利传播的弊端，腾讯于 2012 年 8 月 23 日，推出了“微信公众平台”。公众平台曾先后用过“官号平台”和“媒体平台”的名称，最终才改为“公众平台”。通过公众平台发布的信息，个人用户可以点右上角的分享键，转发到朋友圈，这样便形成一个内部交流的“公开圈”。

（3）综合化

在微信之前，所有的社会化媒体工具都在设法将发布的信息让更多的受众看到。微信是第一个做朋友圈内部营销的平台。在微博发展初期，也曾有过一段时间的内部营销，但目前已成为媒体大 V 的发声器。只有微信达到了集内营外销于一体的综合化共享平台功能。

（4）互动化

微信个人账户互动方式有“赞”和“评论”，却屏蔽了“转发”功能。而且在用户没有彼此交叉关注的情况下，双方只能看到各自发布的内容，却无法看到评论和赞的互动信息。相对以转发和评论数量为考量影响力标准的微博，微信的互动显得更加“干净和自然”。

（5）移动化

微博开创了移动互联网的第一次革命，是第一个完全脱离传统电脑为终端载体的社会化媒体工具。但微信功能是在“微博革命”的基础上又进行了一次“改良”：只能通过手机客户端操作。纯粹的手机操作，完完全全将客户“绑牢”在移动客户端。这一点，不得不佩服腾讯对未来移动互联网发展的准确预测。也正因此，微信成为了移动互联网当之无愧的第一个“试水”的平台。

7.4 微信“几代”

微信推出两年多来，曾发布过多次版本。仅在推出当年（2011 年），就发布了 45 个不同版本的终端（平均 1.15 周发布一个）。纵观微信的历史版本，每一个版本的改良，都是一次技术的升级和革命。接下来主要介绍几个具有代表性的版本。

1.0 版

2011 年 1 月 21 日，腾讯先发布了微信 iOS 版本，随后相继发布安卓、塞班版本。当时微信的定位是“能发照片的免费短信”。在软件上线之初，微信研发团队还曾为一件小事而争执不定：发送微信后，要不要提示发送成功和显示对方是否阅读的状况。因为这个看似小小的问题，微信团队曾争执很久却没有结果。

最后，一个成员提出：假如现在放假，老板给员工发了一条工作安排的微信，员工正在休假，微信显示已经成功阅读，就不得不返回加班，否则可能会让老板不舒服，这样就给客户带来不必要的麻烦。最终这个举例成功说服了“反对者”。微信的发送功能，也不再有关于发送成功和已阅读状况的提醒。

微信 1.0 版的定位类似于手机彩信，当时微信还没有找到合适的突破点，直到微信 5.0 版，才真正奠定了微信在移动电子商务领域的基础。

2.0 版

微信 2.0 版增加“语音对讲”功能。通过语音信息输送，将 QQ 文字聊天功能再一次升级。在 2.0 版本的功能中，也有一个小小的贴心小细节——智能距离感应。当把手机放在耳边时，语音外放是听筒模式；远离耳朵时，则自动切换为扬声器模式。

2.5 版

微信 2.5 版本加入了 LBS（地理位置社交元素），这个功能将微信成功地由通讯工具变为社交软件。通过定位功能，微信可以提供本人及好友的所在地，并可搜索到周边同样开通微信的用户。“查看附近的人”，让交友模式不再是之前的“盲聊”，变得更有选择性和针对性。巧合的是，第二天，陌陌被推出。

3.0 版

为了让更多用户有更好的操作感，2011 年 10 月 1 日，微信 3.0 版本上线。微信 3.0 版增加了“摇一摇”和“漂流瓶”功能。摇动手机时配合来福枪的听觉效果，用户还可以设置“摇一摇”的配图背景，集视觉、听觉、触觉于一身。而且“摇一摇”是非常贴近人本性的动作。比如小孩子拿到拨浪鼓，看到小树，都会上前摇一摇。女性对男性朋友表示亲昵或愤怒，也会抓住他摇一摇。

“摇一摇”的功能，让用户感觉更好玩。但这也并非是腾讯的原创，之前有过“摇一摇交换名片”的类似功能。漂流瓶也是一项创新，通过漂流瓶功能，微信会无针对性地推送给其他用户。这种素不相识的结缘方式，一下子吸引了众多以游玩、个性、追求刺激为乐的 80、90 后人群。3.0 版推出后，微信用户开始大量激增。

3.5 版

2011 年 12 月，微信推出 3.5 版本。3.5 版本增加了“专属二维码”功能。每个微信 ID 都有独立的二维码，通过二维码，用户只需打开微信扫码，即可直接添加好友。这是微信现在主要功能之一“扫一扫”的前身。除此之外，微信还植入了“石头剪刀布”和“扔筛子”的游戏功能。通过聊天页面，用户即可玩到儿时最爱玩的小游戏。这也是后来“微信手游”功能的前身。

4.5 版

2013 年 2 月，微信 4.5 版推出。就在不久前的 1 月 15 日，微信腾讯官方微博发布了一条信息：“微信，2011 年 1 月 21 日发布第一个版本。在距离 2 周年几天之际的今天，达到 3 亿用户。感谢所有的微信用户！微信因你，改变世界！” 4 个月前，微信的用户还是 2 亿，此时的微信，已经让所有社会化媒体平台为之震惊——包括微信的老东家腾讯。自 1999 年推出，截止到 2013 年，QQ 用户也才 4 亿。而微信只用了 2 年，就已经积累了 3 亿用户。

4.5 版本加入了更多有趣的功能，之后我们会详细介绍。在这里强调下 4.5 版本的两个小功能：“智能识别刚刚截图，并自动推送到聊天窗口”和“向上滑动取消语音发送”。

当用户用手机截图时，微信聊天窗口会智能识别刚刚截取图片，并自动推送到聊天窗口，用户可以很方便地一键发送。同时，对于说错或不满意的语音发送，只需轻轻向上滑动即可撤销。这两个人性化的功能，再一次体现出微信设计人员的贴心和细心。

值得一提的是，腾讯 4.5 版本开始像苹果一样提前“造势”。微信也是在这个时候，重点推广了几个第一批“试鲜”的用户。通过这些用户的优先试用，不断造势。这一点，当时在互联网圈也曾引起“捧微信和踩微信”的不小争议。

5.0 版

2013 年 8 月 7 日，微信 5.0 版本在众所期盼下，终于摘下神秘面纱。在此之前，各大线下、线上媒体，各大普通用户及互联网老兵，都在关注、讨论微信的动态，每天关于微信的网络报道便多达数十篇。

微信 5.0 版的推出，是微信自我变革过程中的又一次升级，也是微信奠定其手机电商地位的开始。5.0 版新增的“微信支付”开始让“民间金融巨头”支付宝担忧。除此外，手机游戏、智能扫码升级、街景地图等，也让所有用户为之瞩目。

从微信 1.0 版到 5.0 版，微信版本的多次升级，既体现了腾讯的创新功能，也体现出微信站在用户角度思考问题的人性化。产品设计和功能研发，是以让客户“更便利、更轻松、更欢喜”为基础的。抛开了用户体验，也就偏离了产品功能的主题。而且越是注意细节，越能体现出产品的贴心。

微信的发送状态不显示、智能距离感应、取消语音发送、智能截图推送等看似细微的功能，却最大限度地方便了用户的操作，解决了“后顾之忧”。这一点，确实值得人们学习和敬佩。

7.5 “先三雄之争”：微信、米聊、陌陌

微信、米聊、陌陌是中国“类 Kik”平台的三驾马车。在功能上三者各有千秋。

米聊是小米公司在 2010 年 12 月推出的软件，可提供语音对讲、拍照传图、好友圈子等功能。通过米聊，用户可以完全免费传送文件，通过多种网络互联方式与其他用户沟通，只要手机能上网就可实现随时随地分享。

米聊的推出比微信还要早，但米聊的用户增长一直比较平缓。半年时间，注册用户才 400 万。当时雷军是这样定义米聊的：“米聊与腾讯微信不一样，米聊做的是手机 SNS，不是手机 IM。”尽管划清界限，但微信用户增长速度惊人，还是将米聊远远地甩在身后。

相对于米聊来说，2011 年 8 月 4 日推出的陌陌软件，又成为另一种功能的诠释。

陌陌的创始人是网易前总编辑唐岩。当时陌陌主推的宣传卖点是“真实”，通过陌陌定位，可以精确到用户所在地的小范围圈。相对于传统的社交软件功

能来说，陌陌拉近了用户与用户线下之间的距离。

陌陌的用户积累速度也不算快，9 个月才积累到 500 万用户。但此后的发展开始加速，成立 1 周年庆，用户突破 1000 万。20 天后，传出“阿里巴巴 4000 万美元投资陌陌”的消息，自此陌陌搭上了阿里巴巴的快车。

微信的前半年发展速度与陌陌、米聊相似，2012 年初开始发力，到 2012 年中，有一个快速增长的小高潮。截至 2013 年年中，微信用户的持续井喷势头开始回落。此时网易和电信推出了“易信”软件，而被陆兆禧（阿里巴巴 CEO）亲自督管的阿里社交“来往”软件，也雄心勃勃地准备大干一场。

图 7-4　来往微博截图

2013 年 9 月 22 日，来往发布了新 LOGO，并在微博上发布了一条公告，如图 7-4 所示。其布有一句意味深长的文字：“麻麻说，这人跟人呐，很多时候差的就是那么一点！”

通过比对，来往的新 LOGO 中有三个点，而微信的 LOGO 则是各两个点。来往 LOGO 的设计和官博中带有调侃意味的微博，也透露出来往对微信的“挑衅”。

可以预测的是，未来的“微信”之争，将会更精彩，更有挑战性。

第 8 章　微信个人用户功能

8.1 注册微信

打开“微信官网”（weixin.qq.com），点击“免费下载”。

腾讯提供的下载方式有三类：按操作系统、扫描二维码和短信。客户也可以直接通过手机 APP 或商店（91 助手等）下载。

下载成功后，点击桌面的“微信”图标，即可进入微信页面（图 8-1），在下端点击“注册”选项，即可进入注册页面（图 8-2）。

目前微信注册仅可以通过手机方式开通。

在注册框内输入手机号，跳出询问菜单，点击“好”，进入图 8-3。此时填写的手机会收到微信发来的验证码。输入验证码，进入图 8-4 页面。

图 8-1

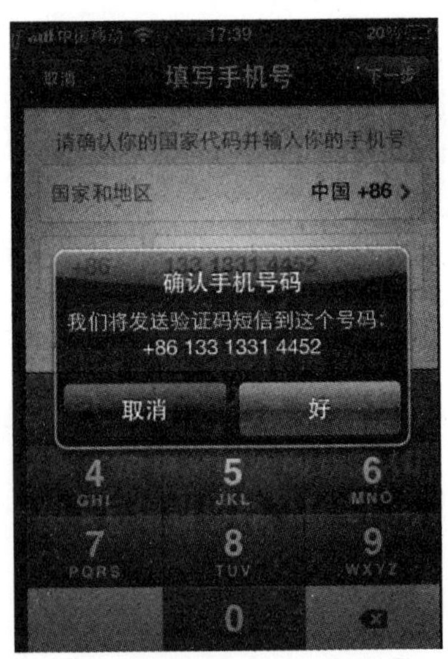

图 8-2

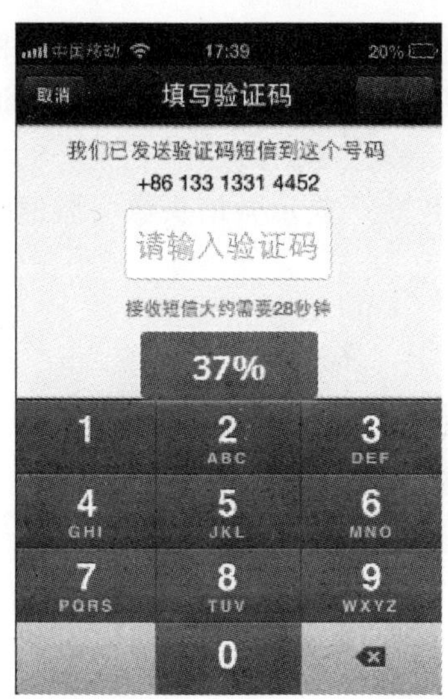

图 8-3

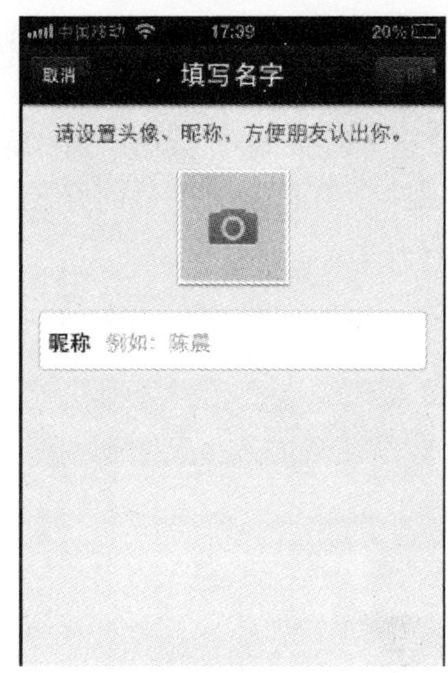

图 8-4

在这里需要输入昵称和设置头像。昵称建议选择真实姓名或笔名，最好是和微博 ID 一样的用户名（微信的昵称注册不像新浪微博 ID 那样是独一的，可以多人使用同样的昵称）。

头像建议设置成自己的真实头像或卡通头像，不建议选择公司或产品图片作为微信个人账号头像。之前曾说过，微信是一个私人化的朋友圈子，营销气息太浓，会引起用户反感。另外也不建议设置成风景或花花草草图片，这样不便于朋友熟识。设置完成后（图 8-5），即可进入下一步“加好友”（图 8-6）。

图 8-5

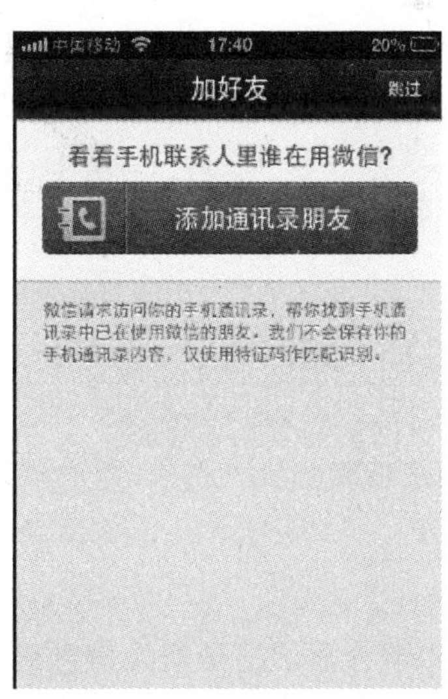

图 8-6

“加好友”的流程，建议点击“添加通讯录朋友”，这样可以将手机通讯录中，所有已经开通微信的朋友图 8-7。“通讯录”部分的“79”，代表通讯录好友有 79 位已开通微信）。点击“通讯录”，进入“新的朋友”（图 8-8）。这里是手机通讯录中所有已开通微信的好友。目前默认显示微信头像、微信昵称及手机通讯录保存名。

图 8-7　　　　图 8-8

个人资料的右侧有两种选项：通过验证和加为朋友。“通过验证”选项是代表好友收到我们注册成功的信息后主动添加的信息。直接点“通过验证”，即可成为好友。点击“加为好友”，则可以向对方微信发送一条加好友的通知。建议在添加好友时，注明自己的身份或姓名，以便让好友知道并及时通过。

8.2 玩转微信个人账号

微信的主功能区分为“微信”“通讯录”“发现”“我”四个版块。

1. 微信

“微信”部分显示的是聊天信息记录和接收时间，在屏幕右上角有一“+”号选项（图 8-9），点击下拉菜单为“发起群聊”“添加朋友”“扫一扫”“拍照分享”“视频聊天”选项。最上方的“发起群聊”就是“群聊”的入口。点击按钮，进入群聊菜单（图 8-10），选择想要参加群聊的好友即可，这样一个群聊圈子就建成了。“面对面建群”是微信针对群聊功能的又一改进，点击进去输入四个数字，就相当于给群设置了一个密码。当告知其他周边的朋友这四个数字时，其他人按照刚刚的操作输入，即可直接加入群中，操作方法更加便捷。目前微信群聊的默认人数是 40 人，可以有两次机会将自己创建的群升级为 100 人群。如果开通了微信支付功能，还可以额外获得两次机会。另外，使用联通微信沃卡可额外将 4 个群聊人数限制调整至 150 人。

图 8-9

图 8-10

点击图 8-11 右上角双人按钮“”，进入群设置和群友增删板块（图 8-12）。群友的增加和删除只需对应点击“+”或“-”按钮即可选中。在“群聊名称”中可以将本群的主题写上，例如“道衍公司客服群”或“微营销交流群”等。点击“群二维码”会跳出二维码的窗口，其他用户只需扫描此二维码即可直接加群（微信群聊没有群号，只能由群内好友添加或扫群二维码）。“置顶聊天”可以将本群的群聊放在聊天记录最上方。点击“查找聊天内容”则会出现一个搜索框，用户只需输入关键词即可查询出以往包含此关键词的聊天记录。“详细设置”主要包含我的群昵称、保存到通讯录、聊天中显示群昵称、新信息通知、设置当前聊天背景、清空聊天记录等功能，用户可根据自己的需求进行设置。

图 8-11

图 8-12

2. 通讯录

图 8-13

图 8-14

“通讯录”显示所有已互相添加的微信好友。最上方是搜索框，可以快速找到好友。当有其他微信发出添加好友信息时，“新的朋友”上会出现数字提示（见图 8-13，代表有一位新好友申请）。

微信 5.0 版本将公众账号分为“服务号”和“订阅号”两种，两者的区别在“微信公众平台”部分再做详细介绍。当服务号收到新信息时，会有一个红色的小圆点提醒。

再往下，则是按照字母顺序排列的好友名单。

在图 8-13 右上角有一个“+”，是添加微信好友的图标。点击后见图 8-14。

“添加好友”主要分为添加 QQ 好友、添加手机联系人、查找公众号、雷达加朋友、面对面建群等功能。

做微信营销想积累首批粉丝，可以通过添加 QQ 好友和手机联系人来开始。点击“从手机通讯录列表添加”则出现“通讯录朋友”。在通讯录朋友后边有“添加”和“邀请”两个选项。“添加”代表对方已开通微信，“邀请”代表对方所用的手机号还没有注册微信。绑定 QQ 好友后，也可以直接添加 QQ 好友中已经开通的微信好友。

继续图 8-14 的功能介绍，点击“查找公众号”，可以通过输入公众号 ID（如：guanyuezhao），或直接输入名称查询添加。点击下方“雷达加朋友”，按住按钮不松开，系统会自动搜索周边同时按下按钮的用户，这是社交网络平台又一项个性化服务的创新。

3. 发现

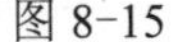
图 8-15

图 8-16

第三个板块是“发现”（图 8-15），主要分为朋友圈、扫一扫、摇一摇、附近的人、漂流瓶、购物、游戏中心 7 个版块。2014 年 3 月 10 日，腾讯与京东联合宣布，腾讯入股京东 15%，因此点击“购物”，可进入京东客服端。这也是腾讯在移动电商购物领域非常重要的一次布局。

点击“朋友圈”，即可看到所关注微信好友发布的信息。点击图中靠上黑色区域，即可“更换相册封面”（图 8-16）。建议用户可以将需要传递给微信好友的图片，设置成封面背景。当所有好友打开你的微信主页时，都可以第一眼看到封面背景。

5.0 版本的“扫一扫”增加了很多功能，目前“扫一扫”已支持二维码、条码（5.3 版本去除了条码功能）、封面、街景、翻译等五种扫码功能。

“二维码”扫描主要是识别“微信二维码”，将需要关注的二维码放在“取景框”内，便可迅速跳出该用户的微信信息，直接添加即可（图 8-17）。

“条码”主要是扫描一些商品类的条形码，扫描方式与上同。

“封面”主要是扫描图书、CD、电影海报等（图 8-18）。

“街景”是与搜搜地图进行内置合作，只需在已开通街景地图城市的任意一个地方，扫描周边的建筑即可识别所在地，并按照实景地图指导。这项功能也是一次非常重要的创新（图 8-19）。

选择“翻译”，将英文单词放在“取景框”内，即可自动识别出所选英文单词的中文解释（图 8-20）。

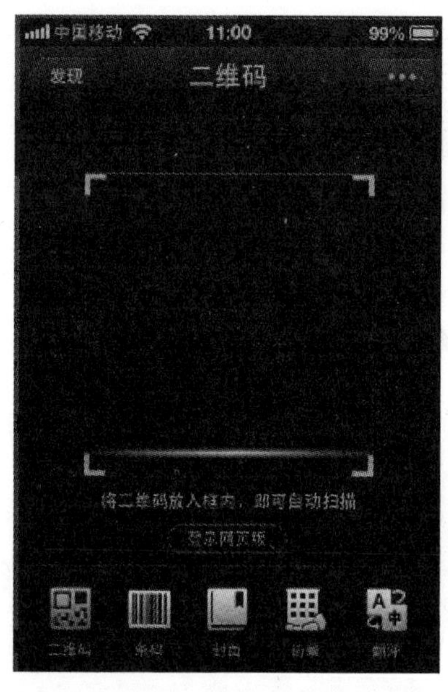

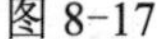
图 8-17

图 8-18

图 8-19

图 8-20

“摇一摇”功能在微信 4.3 版本首次推出，经过几次版本的升级，目前主要有摇一摇搜好友、摇一摇搜歌、摇一摇电脑传图片等功能。

图 8-21

图 8-22

图 8-23

打开“摇一摇”界面，只需晃动手机，系统便会搜索同时在摇手机的微信用户，进行默认配对（图 8-21）。

走在大街上，突然听到一首歌，感觉非常好听，可是不知道歌曲的名字，怎么办？点击页面右下的按钮，在能清楚听到歌曲的附近摇动手机，微信便自动识别所摇到的歌曲，会显示歌曲名字、歌手、歌词，并且还可以将音乐发送到朋友圈（图 8-22）。这个功能是跟 QQ 音乐绑定的。

点击右上的设置按钮，进入“摇一摇”设置（图 8-23）。可以设置“摇一摇”的背景图片音效，查看“打招呼的人”和“摇到的历史”。最下面“摇一摇传图功能”非常实用，此功能需要跟电脑浏览器绑定。绑定流程如下：在电脑浏览器上输入 wx.qq.com/yao，点击“下载到本地”，在跳出的窗口点击“添加”（图 8-24）。

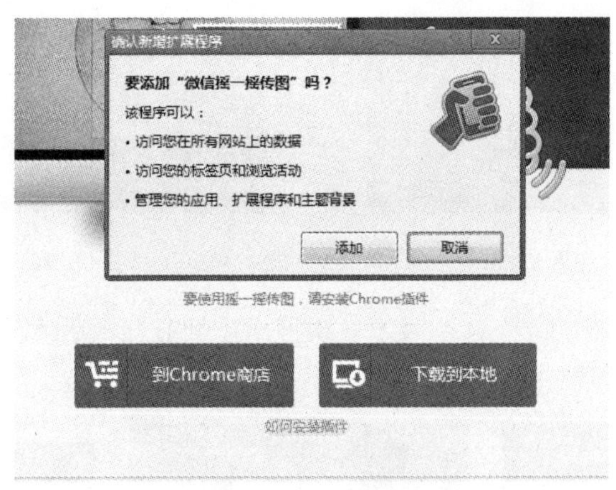

图 8-24

此时在浏览器的功能部分会出现“微信摇一摇”选项（图 8-25 右上角）

图 8-25

使用手机微信“扫一扫”功能，扫描出现的二维码，则电脑浏览器会出现“扫描成功，请在客户端确认以绑定”，点击手机微信“确定绑定”。此时电脑浏览器显示“摇一摇传图已启用”（图 8-26）。

图 8-26

接下来只需打开电脑网页，例如道衍商务官网《www.w5m.cn》，然后摇动手机，即可将该网页的所有图片在手机微信中呈现（图 8-27）。此时用户可根据自己的需求，下载或发布到朋友圈。

图 8-27

“附近的人”是微信利用 LBS（地理位置服务）技术开发的。点击“附近的人”，可以查看到按照距离排列的附近所有微信用户（图 8-28）。使用“附近的人”功能，必须先打开手机的“定位服务”。

点击⋯按钮，可以进入到设置页面（图 8-29），可以选择只看女生、只看男生、查看全部、附近打招呼的人、清除位置信息并退出等功能。

图 8-28

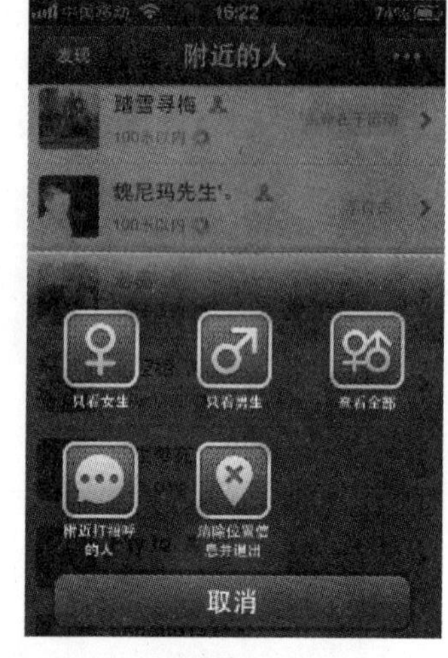

图 8-29

“漂流瓶”属于微信的一个个人娱乐功能。通过“漂流瓶”营销的效果不佳，很多企业通过“漂流瓶”发送广告信息，认为每一个接收者，都可以看到公司的产品介绍。但这种营销成本太高，实际效果偏低。一些大型企业，如招商银行，曾与微信合作过一次“漂流瓶”的活动，但对于中小企业，不建议选择“漂流瓶”做营销。“漂流瓶”和“游戏中心”都是偏向于微信个人用户娱乐的功能。

4. 我

图 8-30

图 8-31

“我”的选项共有个人信息、我的相册、我的收藏、我的钱包、表情和设置六个选项（图 8-30）。

点击“头像”进入“个人信息”（图 8-31），个人信息有头像、名字、微信号、我的二维码、我的地址、性别、地区、个性签名、腾讯微博等选项。头像和名字可以随意修改，微信号只能修改一次。“我的二维码”可以选择生成不同格式的二维码图片。“我的钱包”是微信支付的必经之路。只有将微信与银行卡绑定，才可以使用此功能。在这里重点说说“我的钱包”功能。

“我的收藏”主要是存放在微信聊天过程中保存的文字、图片、视频等信息。

点击“我的钱包”（图 8-32），主要包含腾讯内置的一些生活服务，例如手机话费充值、理财通、彩票、滴滴打车、精选商品、Q 币充值、微信红包、今日美食等。点击右上角选项，进入图 8-33，想要使用微信内置的生活服务，需要先“添加银行卡”。第一次绑定需要先设置卡号及个人资料，绑定成功后可以快速支付。输入卡号后点击下一步，填写银行卡信息（图 8-34）。在卡类型中有系统默认的银行及银行卡类型，并在“手机”选项填上手机号码。需要注意的是，这里的手机号码一定要跟在银行开卡留的号码是一致的，否则无法识别。

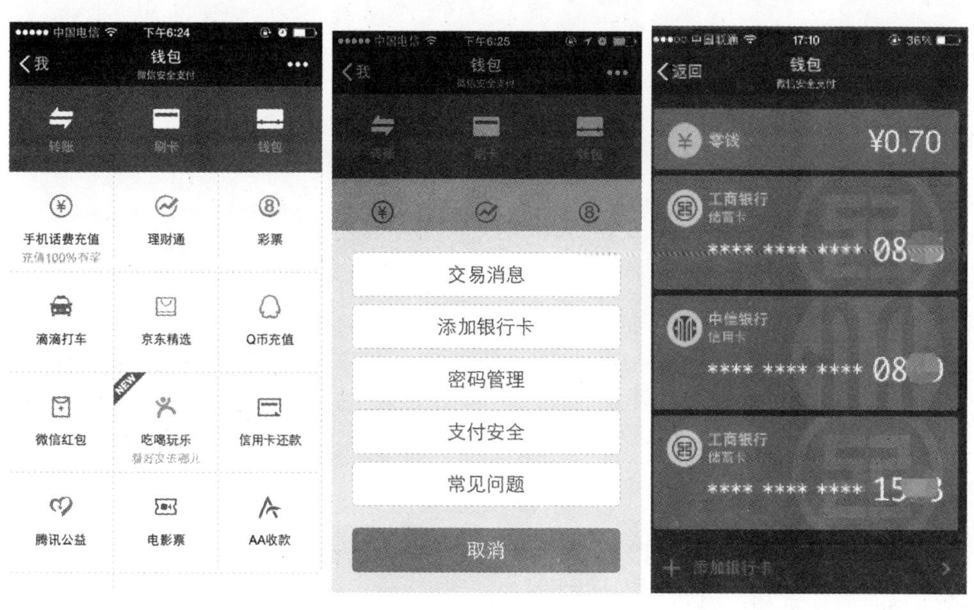

图 8-32　　图 8-33　　图 8-34

我的相册、我的收藏、表情商店、设置等功能，可根据自身需求自行填写，不再细说。

8.3 微信个人常用三大功能

微信个人账号中，语音提醒、登录网页版、文件传输助手三个功能比较实用。

1．语音提醒

点击“通讯录”右上角“添加好友”按钮，在“搜号码”里输入“语音提醒”（或“voicereminder”），点击“关注”（图 8-35）。语音提醒功能类似于一个智能的闹钟。用户“按住说话”，将提醒内容“告知”。时间到了，微信便会自动发布提醒。例如：1 分钟后提醒我打电话（图 8-36），微信会有语音提示（跟接收到新信息的语音提醒一样），并且会在手机屏幕中体现“文字提醒”（图 8-37）。

图 8-35　　图 8-36　　图 8-37

有了“语音提醒”，可以给生活带来很多乐趣。记性较差的用户，可以试试这项只需语音告知，就带自动提醒的“语音提醒”功能。

2．登录网页版

为方便微信聊天，个人微信也有登录网页版发送信息的功能。在电脑浏览器中输入“wx.qq.com”，会出现一个二维码（图 8-38）：

图 8-38

打开微信“扫一扫”，扫描二维码后，手机会出现“我确认登录微信网页版”提醒（图 8-39），电脑则显示“成功扫描，请在手机上确认登录”（图 8-40）：

图 8-39　　图 8-40

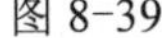

点击手机微信“我确认登录微信网页版”。

确认登录后，电脑则可显示所有好友和最新的聊天记录，跟手机微信是同步的。通过网页版微信，可以发送符号、截图（需安装截屏插件）、文件、图片等信息。需要注意的是，微信网页版发送的文件不能大于 10MB。

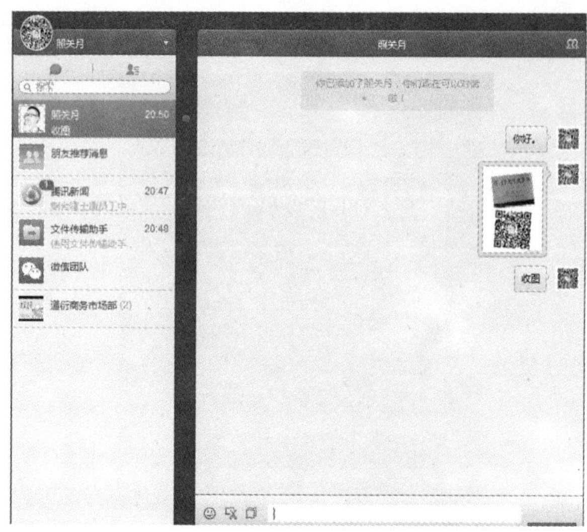

图 8-41

3. 文件传输助手

登陆微信网页版还可以利用“文件传输助手”功能进行电脑与手机的文件互传。在“搜号码”选项输入“filehelper”，点击添加到通讯录（图 8-42）。

打开聊天框，选择手机中的照片、文件并发送（图 8-43）。则电脑也会同步收到通过手机传送的信息（图 8-44）。“文件传输助手”类似于手机和电脑的一个传送带，两者之间的文件可以通过这个助手互相传递。

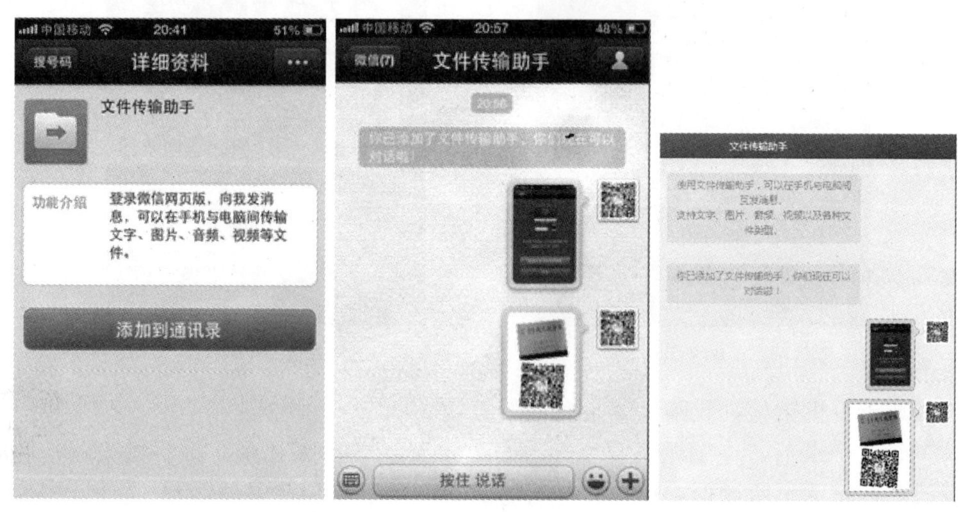

图 8-42　　图 8-43　　图 8-44

第 9 章　玩转微信公众平台

9.1 微信公众账号诞生记

通过上文对微信介绍，可以发现微信的主要功能是娱乐、通信、沟通、交流的平台。由于定位“圈子私密”的特性，微信营销的效果非常有限。微信营销培训师经常会讲，网络媒体也经常会报道，某人通过朋友圈销售珠宝、服装如何畅销。实际上这种圈子的营销不但效果差，而且还可能会影响到朋友感情。

朋友圈的好友人数增长速度较慢，一般微信朋友圈营销的产品，都是珠宝、衣服等耐消品。连续发布 5 条产品信息，基本上所有好友都会看到了。可能前期有一些朋友正好有需求，但连续不断地发信息，原先的好友需求已经“饱和”，不需要的朋友又会觉得太“市侩”。于是便陷入“产品越卖越滞销，人缘越做越不好”的怪圈，所以做圈子营销的朋友一定要慎重。

腾讯也发现了这个问题。如果微信仅仅是沟通的社会化媒体平台或工具，可能会跟新浪微博一样，拥有用户，却找不到盈利点。这种情况曾让新浪的曹国伟非常头疼，直到阿里巴巴入股新浪微博。但腾讯显然并不想走这条路，于是微信公众账号就诞生了。

9.2 微信个人 VS 微信公众

微信个人与公众的最大区别是载体，微信个人是专门为手机平台开发的软件。虽然有微信网页版，但手机的很多功能其都无法实现，而微信公众账号只能在电脑终端登录。

其次，微信个人账号不能认证，而微信公众满足 500 粉丝，并且有新浪或腾讯认证微博，即可申请认证。个人账号没有认证，原因在于朋友圈不需要“名”，只需要交流。这也透露出微信不想把个人朋友圈做成营销工具。

再次，微信个人账号可以加好友，也可以被加。而微信公众账号只能被加，没有加好友的权利。“让用户关注他自己想关注的”，将个人和公众功能完全分割，也是微信对于个人及公众账号区分的应对策略。

最后，微信个人是“一对一发送”，微信公众是“一对多推送”。微信群聊仅限 40 人一组，比 QQ 群的人数限制少得多。因为语音比文字消耗的流量要大，所以腾讯需要控制群聊和无意义语音对用户的“骚扰”。公众账号的推送原来是 1 天 3 条，后来改成 1 天 1 条。5.0 版推出后，又将微信公众账号分割为“订阅号”和“服务号”，在这期间，微信曾先后封杀了大批公众营销账号。这些动作，都是为了让用户减少流量损耗和信息轰炸的应对方法。

9.3 注册微信公众平台

打开微信公众平台网站（mp.weixin.qq.com），点击右上角的“注册”，进入注册页面，如图 9-1 所示。

图 9-1　注册页面

输入邮箱、密码、验证码，点击“注册”，微信团队会发送一份确认邮件到填写的邮箱，如图 9-2 所示。

进入邮箱，点击确认链接，即可进入“信息登记”。微信公众账号的运营主体类型，分为“组织”和“个人”两类。其中组织又细分为“政府”“媒体”“企业”“其他组织”四个小类。“企业”账户的资料，主要分为“企业信息”和

“运营者信息”两块，如图 9-3 所示。

激活公众平台帐号
感谢注册！确认邮件已发送至你的注册邮箱：492347999@qq.com。请进入邮箱查看邮件，并激活公众平台帐号。
登录邮箱

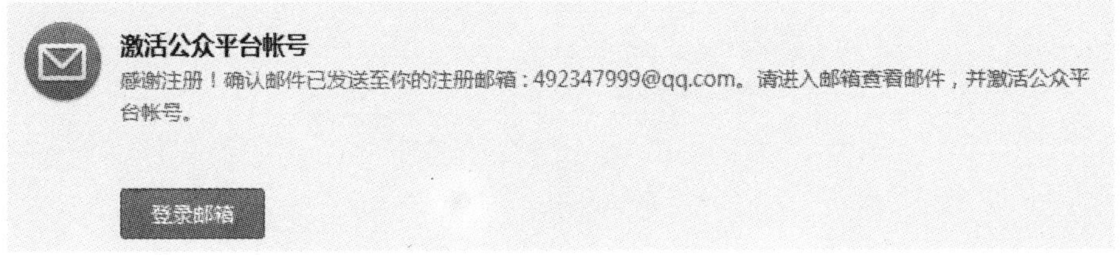

图 9-2

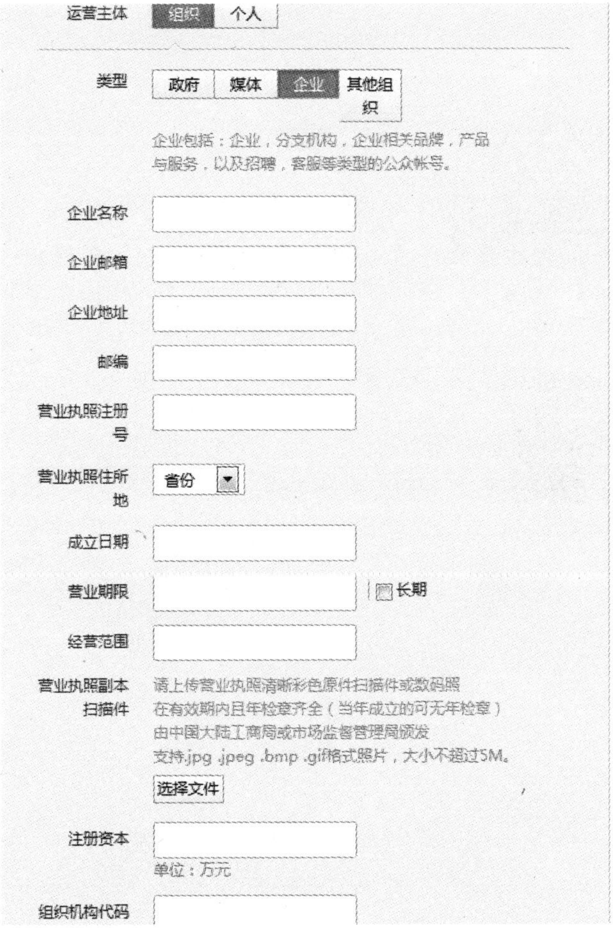

运营主体
组织
个人
类型
政府
媒体
企业
其他组织
企业包括：企业，分支机构，企业相关品牌，产品与服务，以及招聘，客服等类型的公众帐号。
企业名称
企业邮箱
企业地址
邮编
营业执照注册号
营业执照住所地
省份
成立日期
营业期限
长期
经营范围
营业执照副本扫描件
请上传营业执照清晰彩色原件扫描件或数码照
在有效期内且年检章齐全（当年成立的可无年检章）
由中国大陆工商局或市场监督管理局颁发
支持.jpg .jpeg .bmp .gif格式照片，大小不超过5M。
选择文件
注册资本
单位：万元
组织机构代码

图 9-3　微信公众企业账户注册信息表

企业信息包含企业名称、邮箱、地址、邮编、执照注册号、成立时间、期限、经营范围、注册资本、组织机构代码等，并需要上传营业执照副本的彩色扫描件，如图 9-4 所示。

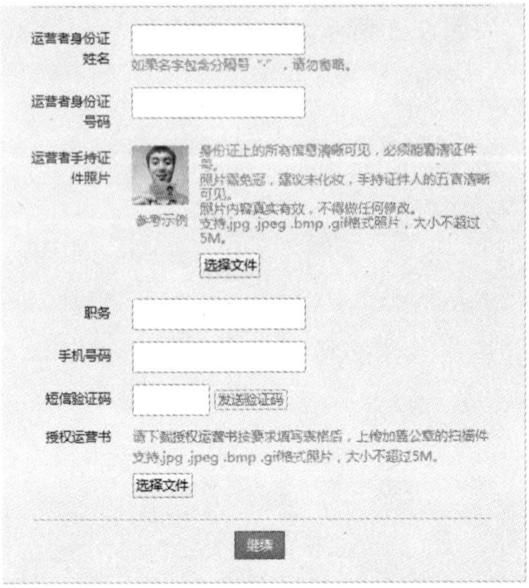

运营者身份证姓名
如果名字包含分隔号“·”，请勿省略。

运营者身份证号码

运营者手持证件照片
参考示例
身份证上的所有信息清晰可见，必须能看清证件号。
照片需免冠，建议未化妆，手持证件人的五官清晰可见。
照片内容真实有效，不得做任何修改。
支持.jpg .jpeg .bmp .gif格式照片，大小不超过5M。
选择文件

职务

手机号码

短信验证码 发送验证码

授权运营书
请下载授权运营书按要求填写表格后，上传加盖公章的扫描件
支持.jpg .jpeg .bmp .gif格式照片，大小不超过5M。
选择文件

继续

图 9-4　微信公众企业账户运营者信息表

运营者资料包含运营者姓名、身份证号、职务、手机号码（需填写正确，微信会发生验证信息确认）等。除此之外，还需要上传运营者本人手持身份证照片，下载微信公众账号“授权运营书”填写盖章后上传。将资料收集好并填写完整，点击“继续”，进入公众账号分类选择，如图 9-5 所示。

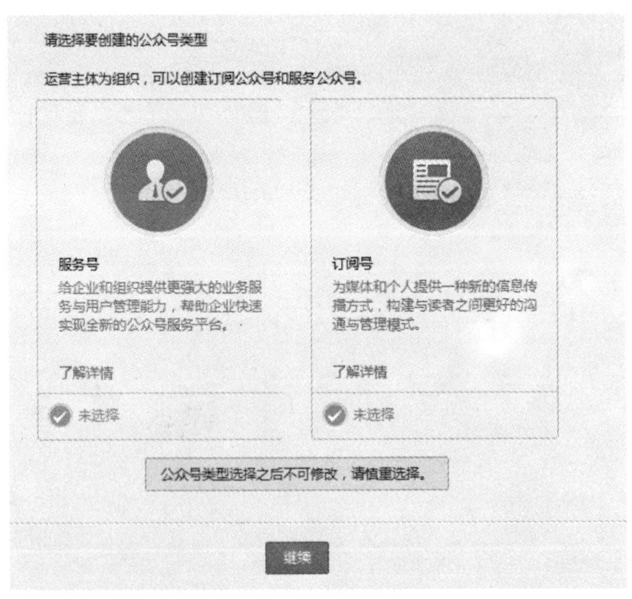

图 9-5　公众账户类型

企业公众账号分为“服务号”和“订阅号”两类。服务号主要为客户提供

服务，订阅号主要为客户提供信息和资讯。服务号一个月内，仅可以发送一条群发信息，且会直接显示在用户的聊天列表。订阅号每天可以发送一条群发信息，但发给用户的信息，会直接以红点形式显示在用户的二级菜单订阅号文件夹中。

除此之外，服务号和订阅号最大的区别是，服务号可以申请自定义菜单功能，而订阅号却不可以。

企业究竟用服务号还是订阅号，需要根据企业的自身情况来决定。一般情况下，大型企业可以申请服务号，中小企业或者创业型企业，建议申请订阅号。微信公众账号需要用内容来吸引用户关注，一个月发送一条信息，会大大降低与用户的互动性。大企业不需要推送太多信息，只需要单个客户进行回复、沟通、交流功能即可。

或者简单地说，服务号主要做客服用，订阅号主要是营销用。微信公众运营者可根据企业的实际要求来选择。需要注意的是，账户类型一旦选择，将无法再进行修改。

选择账号类型后，进入公众号信息填写界面。“账号名称”一旦设定将无法更改。填写功能介绍，选择运营地区、语言、类型后点击“完成”，即进入 7 个工作日内的审核期，如图 9-6 所示。

图 9-6　公众号信息表

9.4 详解微信公众平台功能

公众账号后台，分为功能、管理（消息管理、用户管理、素材管理）、服务（服务中心、我的服务）、统计（用户分析、图文分析、消息分析、接口分析）、设置（公众号设置、微信认证、安全助手、安全中心）几大板块，如图 9-7 所示。

图 9-7

功能下拉菜单中，用户可根据提示操作。在这里，重点讲述以下几个需要注意的地方：

1．管理——用户管理

图 9-8

用户管理主要是对好友的分组及修改备注。系统默认未分组好友、黑名单、星标组三个分类。微信运营者可根据自身定位进行“新建分组”，给众多好友进行分类，以便于后期群发信息和客户管理，如图 9-8 所示。

点击“修改备注”，可以快速查阅客户信息。例如，图 9-9 所示为某酒店设置的用户备注，有客户分类（VIP）、消费次数（8 次）、所在包房（听风阁）、口味（辣）、菜系风格（川菜和湘菜）、电话等等信息。当该用户发送信息询问时，微信运营者便可在最短时间了解到该客户的所有信息，并为客户提供更周到、更省心的一站式服务。

2．素材管理

素材管理是群发信息的“创造地”，主要分为单图文信息、多图文信息两类。

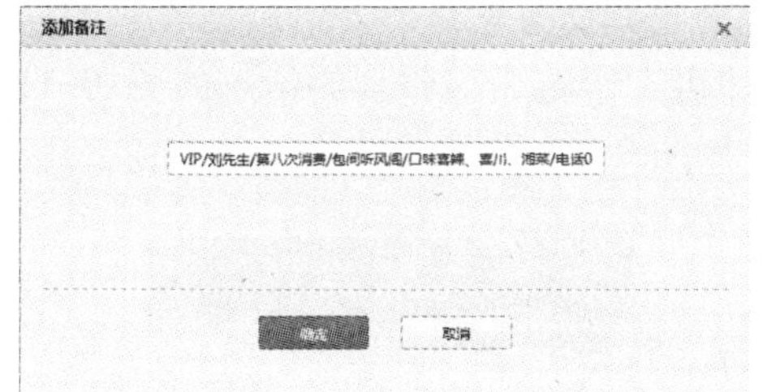

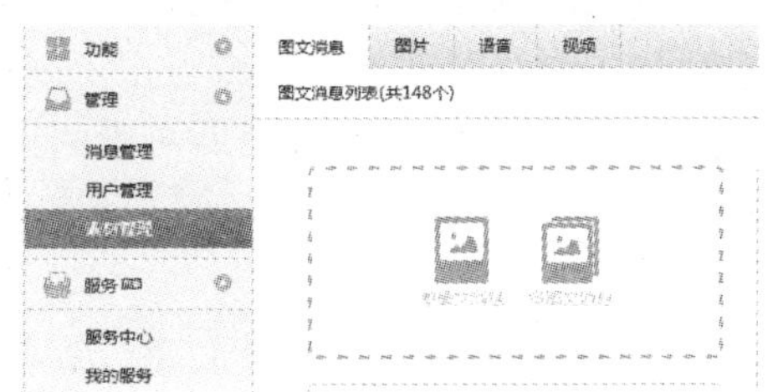

图 9-9

① 单图文消息

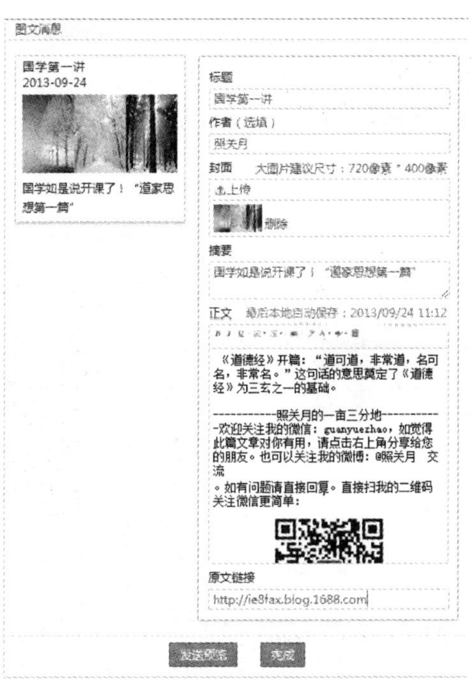

图 9-10 单图文信息示例

点击“单图文消息”，进入消息设计页面，如图 9-10 所示。在标题栏输入标题，标题要求精简、直白、吸引眼球。作者类目可选填。封面设计要选择与群发信息匹配或相符的图片，并按照 720 像素×400 像素的尺寸设计，否则手机收到后会出现显示失真等情况。摘要部分显示于图片下方，用户不用点开信息即可看到。正文部分可以输入文字、图片、视频（目前仅支持腾讯视频的链接）。原文链接是指此信息的首发链接，可以设置到官网、官方博客或其他平台。输入链接网址后，还不能直接完成，此时需要点击“发送预览”，先发给自己的个人微信看看效果。

输入微信号，点击“确定”，该用户便会收到此条信息。此时根据收到的信息再适当进行图文修改，或点击“确定”即可。手机微信收到的信息如图 9-11 所示，点击“阅读全文”，即可查阅全文，如图 9-12 所示。

图 9-11

图 9-12

② 多图文信息

多图文信息的编辑与单图文大体相同，依次输入标题、作者、上传封面（720 像素×400 像素）、正文、添加原文链接（选填项），如图 9-13 所示。然后点击“右侧预览图”下的小笔按钮，即可添加“二级类目”，如图 9-14 所示。二级类目包含标题、作者、封面（400 像素×400 像素）、正文等。

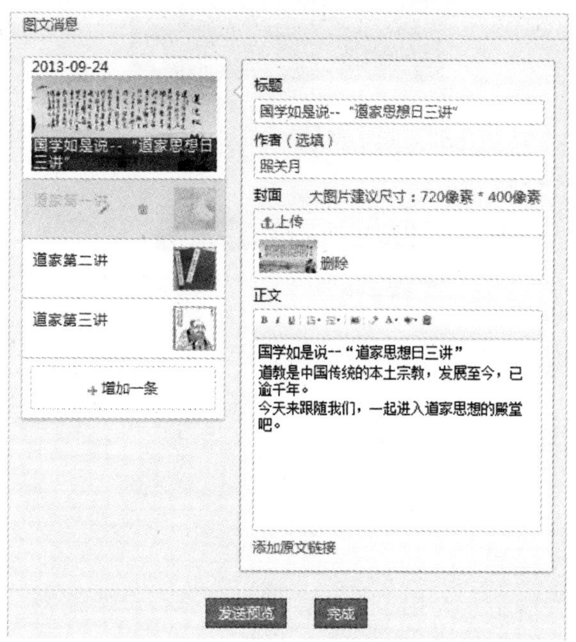

图 9-13　多图文信息示例

图 9-14　添加“二级类目”

多图文信息最多支持八个二级信息，建议选择 3～5 个最为合适。全部填写完整后，仍然先“发送预览”，确认图片、文字均无问题后，再群发。用户收到的信息显示如图 9-15 所示。

图 9-15

多图文信息类似于一个电子杂志，图文结合，分类清晰，而且主菜单和子类目都可以打开。

3．统计

数据统计是 2013 年 8 月底微信上线的新功能。统计主要包括用户分析、图文分析、消息分析、接口分析等几项。

用户分析包含用户增长和用户属性。在用户增长里，可以看到昨日关键指标（新关注人数、取消关注人数、净增关注人数、累计关注人数等），还可以看到以日、月、周为依据统计的数据比例以及详细的趋势图和详细数据。用户属性包含性别分布、语言分布、省份分布、城市分布，以及属性分布表的综合图和所占比例。

图文分析包含图文群发和图文统计。图文群发可以按发布图文信息的时间段查阅到送达人数、图文页阅读人数、原文页阅读人数、分享转发人数的数据明细。通过图文群发可以清楚地了解到每一条群发信息的详细情况，更便于做云营销的绩效考核和数据分析考核。图文统计可按照日报和小时报的统计方式，显示图文阅读次数、原文阅读次数和分享转发次数。

消息分析包含消息发送。主要包含消息发送人数、发送次数、人均发送次数。接口分析主要包含调用次数、失败率、平均耗时、最大耗时（适用于开发端口技术的数据统计）。

4. 设置

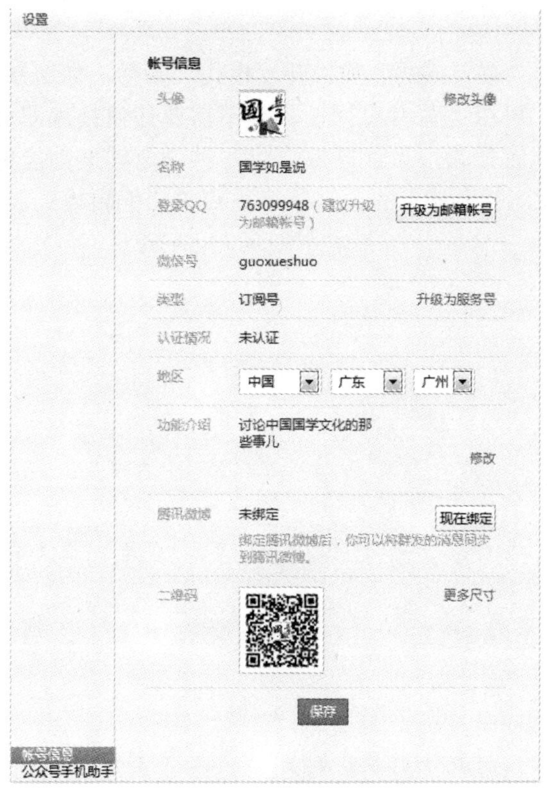

图 9-16　微信公众账号设置示例

设置包含“账号信息”和“公众号手机助手”。账号信息的“头像”，一月只能修改一次，名称一旦确定便无法修改。原先的“登录 QQ”方式升级后，可以改为“邮箱账号”登录。订阅号的类型可以升级为服务号。建议微信公众号一定要申请认证。认证只需满足 500 粉丝，而且只要有新浪或腾讯的认证微博即可申请。“功能介绍”是对主账号的简单介绍，这里文字不宜太多。另外建议将微信公众号和腾讯微博绑定，绑定后群发信息会同步到腾讯微博。

最后是公众账号的二维码，点击“更多尺寸”可以生成（8CM～100CM）的 6 种大小类型。微信公众账号设置如图 9-16 所示。

5. 公众号手机助手

公众号手机助手，类似于个人微信网号版。公众账号原本只能通过电脑收发，但绑定公众号手机助手后，可以通过手机来群发公众平台信息。

首先，将需要绑定的微信个人号，添加“mphelper”（公众号助手）为好友。输入想要发布的信息，在收到回复信息后，回复“Y”，即可成功群发信息。

6. 高级功能

高级功能分为“编辑模式”和“开发模式”两种，如图 9-17 所示。编辑模式偏向于内容性，可由运营者自行设计，不需要任何技术即可操作。开发模式一般用于专业公司进行端口设计开放，将各种微信辅助功能植入进去，偏技术性。两种模式只能选择其中一种。接下来重点讲“编辑模式”。

图 9-17

进入编辑模式，打开“开启”按钮，点击“设置自动回复”，进入设置页面，如图 9-18 所示。

图 9-18

自动回复分为被添加自动回复、消息自动回复和关键词自动回复三种。

① 被添加自动回复

被添加自动回复，是当用户添加为关注对象时，系统自动发送给客户的信息。建议选择导航类的文字信息最佳。

被添加自动回复的原则是，尽量用精简的文字，告诉关注者最详细的信息，所以运用导航进入二级菜单是最佳选择。公众账号也可以用语音回复。语音回复可以拉近与粉丝的距离，更具亲和力。或者也可以将所有信息做成一张图片，以图片形式回复。不建议用视频，因为如果用户选择的是 3G 上网模式，流量损耗可能会让客户刚关注就取消。

② 消息自动回复

消息自动回复是指用户关注后，在聊天信息内容中没有符合关键词（关键词自动回复部分稍后讲）的文字时，用户收到的自动回复信息。消息自动回复需要把握告诉客户信息已收到、告诉客户大概的回复时间、告诉客户其他沟通平台和方式 3 个原则。另外还需要设置一个回到主菜单的快捷“按键”。

例如，我的公众平台消息自动回复是：“你好。你的信息已收到。如果有问题咨询请直接提出，我将会不定期回复，感谢支持。你也可以关注我的微博，新浪、腾讯、天涯、人民、搜狐、新华、网易等所有微博均为：@照关月。如需返回主导航菜单请输问号：？。”

③ 关键词自动回复

关键词自动回复是指用户发布的信息，有设置中所包含的关键词，公众平台即会自动回复一条设置的信息。

点击“添加规则”进入关键词规则设置，此时可根据前面设置好的数字导航进行关键词设置，例如我的公众平台按“5”是关于邀请我培训的回复，则关键词设置如图 9-19 所示。

图 9-19

通过图 9-19 可以看出，关键词内容包含数字“5”和“电子商务”“微营销”“微信营销”“微博营销”等培训课目，这些关键词是我在培训类目中提炼的相关关键词。点击“确定”，进入如图 9-20 所示页面。

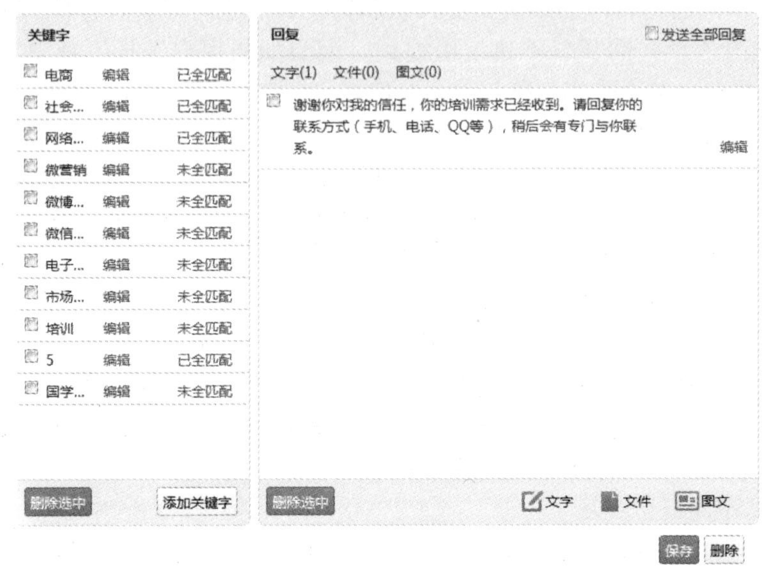

图 9-20

关键词靠右部分有“已全匹配”和“未全匹配”两个选项。全匹配是当粉丝发送的内容与设置的关键词完全相符时，才会自动回复；未全匹配是只要客户回复内容中包含该关键词，即会自动回复。

若选择了全匹配，在编辑页面则会显示“已全匹配”，如图 9-21 所示。对方发送的内容与设置的关键字须完全一样，才会触发关键字回复，不能多一个字符也不能少一个字符。比如设置“123”，只有回复“123”才会触发关键字回复。

图 9-21

若没有选择全匹配的情况下，编辑页面则会显示“未全匹配”，如图 9-22

所示。只要对方发送的内容包含设置的完整关键词，就会触发关键字回复给对方。比如设置“123”，回复“1234”会触发，但回复不完整的关键字“12”则不会触发关键字回复。

图 9-22

提炼出关键词后，接下来需要设置“回复内容”。

回复内容分为文字、文件、图文三种。文字回复的优势是直接，但内容有限。对于服装、餐饮或其他可图文结合的产品，可以选择图文形式。对于一些产品介绍，则可以选择文件形式。

总而言之，如何能让客户更直接、更准确地收到他想要的回复，就怎样设置。因此，运营者也可以在设置关键词回复前先做小范围的客户调研。

9.5 微信公众平台考核“四率”

考核微信公众平台，要将送达率、点击率、打开率、转发率作为考核标准，如图 9-23 所示。

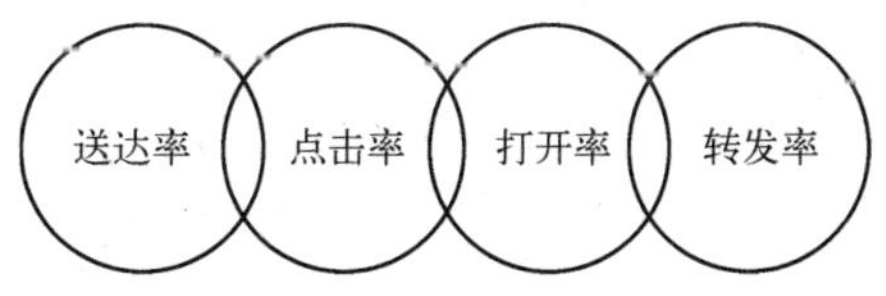

图 9-23　微信公众账号运营考核“四率”

微信的后台技术已经非常成熟，送达率一般可以达到 100%。非技术层面的原因，可能会由于发送的信息中带有广告、色情、反动、政治或其他负面影响而导致信息屏蔽。因此，只要素材和写作方式不突破底线，一般不会出现发送失败或用户接收不到的情况。

点击率是微信公众账号分为“订阅号”和“服务号”以后，才出现的考核标准。没有分类前，所有用户收到的都是单条独立信息（类似于现在的服务号），升级后，订阅号则只能在二级文件夹中体现，并且取消了数字提醒，改成一个小红点。

想要用户在二级文件夹中打开信息，就势必考虑到微信内容的设计是否能吸引用户打开。公众账号分成两类后，订阅号的退粉率降低，但用户打开信息的概率也直线下降。但一些对用户确实有用，或能吸引用户关注的公众账号，其点击率并没有受到多大影响。微信和其他社会化媒体工具一样，都是“内容为王”。只有内容被粉丝喜闻乐见，才能体现出营销效果的价值。

打开率是用户在点击并看到信息时，会不会点开看详细的内容。打开率取决于信息标题、图片、主题等的设计。据国外某互联网研究者调研发现，门户网站的新闻实际打开率不足 15%，绝大多数用户都是通过标题一扫而过，对于感兴趣的新闻才会打开。标题是吸引客户的“敲门砖”，也是映入用户眼帘的第一印象，因此不得不重视。

另外，微信的发布时间也非常关键。微信发布时间可以参考微博，在用户闲时发送，打开的概率最高。但是与微博不同的是，微信的内容要比微博多。一篇微信文章，包含的文字可能是微博的几十倍。如果用户打开阅读，必然会考虑到上网环境和流量问题。所以，公众账号如果发布的微信内容比较多，要选择在粉丝上网环境有 WIFI 的时间段。最佳时间是晚上在家的时候，其次是上班间隔的休息时间。只有这样才能保证粉丝在收到微信后，打开的概率高。微信打开率应保证在 70%以上为佳，并且不能低于 50%。

转发率取决于用户打开信息后是否觉得真实有用。在博客营销时代，衍生出“标题党”这个名词。某些博客运营者为吸引用户点击，发布非常吸引眼球的标题，用户打开后却发现文不对题。目前在传统的网络营销，例如博客、论坛、邮件营销中，还有很多人在使用这种方法。

微信不同于这些社会化媒体工具，一旦用户感觉受骗而取消关注，则再次关注的可能性会非常之低。

除此之外，还需要注意信息内容的实用性，就是能否让用户有所感悟，或者让他感觉到这是一条“经验帖”。这个可以参考在论坛、博客中衍生出的另一个名词——“干货”。让用户觉得有用，他才乐意转发到朋友圈，和他的朋友一起分享。

转发率应不低于 15%。转发率越高，证明内容越受欢迎，波及的客户群体也就越广，营销效果自然也就越好。

第 10 章　微信公众平台运营“五指”兵法

了解了微信个人和公众账号的特点，接下来我们需要像运营微博一样做自我定位，确定自己的产品是什么，运营微信公众账号的目的是什么，客户群体在哪儿，他们需要什么，我们能给他们什么……这些都是在运作微信前，我们必须要提前熟知的问题。

知己知彼，百战百胜。只有了解了客户，并对自己的优劣势有清楚的认知，才能让微信营销效果，体现得更加游刃有余。

同微博一样，运作好微信内容，需要有好的文案、素材、图片等。微信的运营甚至比微博更难，但由于是私密或半公开化的平台，微信粉丝质量要比微博高很多。

微博的僵尸粉或死账号，所占比例几乎都在 50%甚至以上。但微信用户基本上都是真实存在的，并且活跃用户居多。微信用户一般会选择性地关注公众账号。在我每次培训做的调查中，几乎绝大多数人关注的公众账号都在 20 个或以下，10 个左右的占到一半。

有了微博，可以获取各种想要的信息。在微信，用户的需求会很明确：这是我的个人平台、私人空间，我不需要关注太多形式上的、无实质内容的、不相干的、无关联的微信公众账号。关注平台少，那么群发信息的打开阅读率自然也低不了。

只需要让更多的用户知道账号或二维码，然后关注，关注后能收到有用的推送信息，不取消关注，并对推送信息中适当的广告宣传和产品营销不反感，这就是微信公众账号的最佳结果。

接下来，我们就来谈一谈微信公众账号实战技巧的几套兵法策略。

10.1　远交近攻：走进客户，关注客户，收获客户

微信“战胜”微博的创新功能有两个：免费语音和 LBS 定位。微信的免费语音将 QQ、电话和微博功能结为一体，可以说，微信的第一批忠实用户，绝大多数就是看中“免费语音对讲”的功能而注册的。除此之外，LBS 定位功能

又将“通信工具”贴上电商社会化媒体平台的标签。

对于做本地化服务的企业，例如餐厅、超市、美容、烟酒、水果等实体店，利用此功能，非常便于积累到附近的各类用户群。

运营者可以尽可能多地注册微信，把微信头像改成店铺 LOGO 或招牌，昵称设置为店铺名，个人介绍写上主营产品和服务，例如“××小区超市，专业提供各类百货、生活用品”。然后开通定位服务，查找附近的人。由于是实体店，附近的用户都知道，这样可以打消客户疑虑，直接产生销售。

另外，店主可以发动所有员工注册微信，尽量用真实活跃的微信（员工个人微信最佳），如果员工不想个人微信过于营销化，也可以开通真实头像、资料（个人介绍一定要有店铺名称、地址、电话或相关信息，并尽量保证所有员工的个人资料是相似或一致的）的新微信，设置好发布内容，不定期上传照片，发布最新动态。

保证个人微信的活跃性，让店员在上下班空闲时间，开通微信定位，在附近走动。如果说通过查找附近的人是“主动营销”，那这个方法就是“被动营销”。当附近的用户同样查找附近的人时，多次看到相同的个人介绍，便会加深你的店铺在其脑海中的印象。如果客户正好有该个人微信介绍内容的需求，那客户就会主动联系。即便没有，店铺也已经被用户深深记住了。

由于个人微信不便于客户管理，可以建议客户添加店铺的微信公众账号。各个店员需要主动推荐好友添加店铺公众账号，并告诉客户，公众账号会将客户信息录档，并不定期地举办各类优惠。客户添加公众账号后，再进行二级分类，这样一个 O2O 的线下闭环销售圈便生成了。除此之外，运营者还可以开通陌陌、米聊等类似软件，采取同样方法运作。

做社会化媒体运营要记住：每一个平台都有自己的用户群体，无论哪一个平台都无法聚集到所有用户。所以，在人力、时间可以支持的前提下，开通的平台越多，效果越佳。这就是“近攻”。

对于距离相对较远的用户，可以考虑提供定制化的特殊服务。例如，超市可提供周边 3 公里范围内限额免费送货服务，或提供接送服务等。一般情况下，超市、水果、餐饮类辐射面相对较窄，所以不必考虑太远，只需把周边几个小区住户拿下就足够了。

微信的粉丝不同于微博，微信粉丝的挑选都是跟产品定位或地理定位一致的，所以微信营销之所以被众人看重，在于其粉丝转客户的成功率是最高的。据调查，做微信本地服务的粉丝转客户成功率在 20%以上。也就是说，1000 个粉丝，就有 200 多个潜在客户。因此，微信运营不要盲目追求粉丝数量，而是要精准地选择最具有转换为客户的可能性的潜在粉丝。

对于较大型的餐饮、娱乐、美容、保健、服装等实体店，则可以适当将范围扩大。

个性化定制服务是微信功能的另一诠释。营销和服务，在时代发展长河中，距离被拉得越来越近。“只重销量、看轻客服”的做法，已经无法在现代社会中生存。营销型的企业主大都会发现，客户的要求，愈加“挑剔”，但“个性、独特、新奇”的产品，却可以吸引不少用户。他们为贴有这些标签的产品，宁愿付出高于市场价值的费用。

磁州酒是河北三都酒业的一款产品，为规避白酒市场的激烈竞争，三都酒业在酒瓶设计上注重“磁州窑”的“黑白水墨”色调。通过一些活动策划，成功地将酒瓶打造成了“工艺收藏品”。除此之外，三都酒业还开展了“定制、封坛”等一系列个性化的定制服务。磁州酒酒瓶外观如图 10-1 所示。

图 10-1 磁州酒酒瓶外观

定制类服务：可以为企业用户定制独立的白酒品牌和包装，并根据客户要求，酿制、配制口味、度数、香型各不相同的白酒。

封坛类服务：用户认领的坛酒，在五年期限内，免费提供专业的地下酒窖储藏，并提供免费的维护和每年的自然损耗费用（原浆酒每年都有 1.5%左右的自然损耗）。储藏到期后，如客户决定不使用，公司会以每年 10%的增长价格回购，保证客户利益不受损。另外，三都酒业还可以为客户认领的坛酒提供个性化定制、勾兑、包装服务，确保满足各类客户的不同要求。

据调查，仅仅通过个人口碑和社会化媒体平台，磁州酒的定制和封坛服务收获的客户的消费额，已占到正常营业额的 20%左右。不仅如此，在增加高端客户的同时，个性化的定制服务也让三都酒业获得了二次口碑传播，在其所在地打响了一个特有的个性化服务品牌。

任何的营销策略，都离不开销售、客服社会化媒体工具，应该为产品销量和客户服务而生，微信工具也是如此。微信的客户群体中，青少年和学生比重较高，但在其中，还“潜伏”了不少成功的企业家。个性化服务的两个特定精准群体——追求刺激的年轻人和追求享受的有钱人，都在微信集合了。因此，如果能做好产品的个性化服务，通过微信获取客户，绝对大有市场。

10.2 利便结合：两手紧抓——左手优惠，右手便利

天下熙熙，皆为利来。打动客户购买的原因，除了质量、服务、价格，还有一点是促销。传统营销 4P 理论（产品、价格、渠道、促销）中，促销也有一席之地。除了“便宜”，还需要给客户带来“方便”。做活动营销策划，一定要考虑到客户的忍耐性。让客户最直白地了解活动规则，并通过最简单的方式获取优惠，这是设计策划方案的必遵原则。

微信的功能是“营销+客服”，如果结合促销、便利一同运作，实际效果将会倍增。华住酒店的微信公众平台，在“利便结合”上运作得比较成功。汉庭宣传活动单如图 10-2 所示。

图 10-2 汉庭宣传活动单

1. 礼品

关注华住酒店集团（汉庭为其旗下企业）的官方微信，成为汉庭连锁酒店会员，便可直接获得 400 元的优惠券礼包。如果下载手机客户端，还可以获得 500 积分。

优惠券+积分，是社会化媒体工具中最佳的奖品搭配。虽然返现金更实惠，但对于企业方来说，优惠券和积分只能兑换本企业内部的产品或服务，因此这些礼品的最终消费，还是“归还”企业。这种“肥水不流外人田”的奖品方式，既让客户感觉到优惠（优惠券和积分可以抵销房租或换购礼品），又可以吸引客户二次上门消费，可谓一举两得。

2. 从微信到 APP

入住过汉庭酒店的朋友会发现，前台名片上有一个二维码，很多人都会认为这是微信二维码。实际上，它是汉庭酒店自己的 APP 软件。当客户扫描二维码时，会出现下载汉庭 APP 的网址链接，用户只需点击下载，即可安装。

微信公众平台毕竟是其他公司的，政策变动和功能调整具有很大的不确定性。APP 是自己开发的，功能的设计修改权也在自己手上。所以，汉庭既不排斥用户关注微信，又主推自己的 APP 平台，这种方式非常值得其他企业借鉴。

3. 发送地址推送酒店

如果用户将自己的定位信息发送给华住微信公众平台，系统会自动将附近的酒店地址、价格、电话等信息，以图文形式回复，让用户实现一站式订房服务。利用 LBS 定位系统的优势，客户不需要再打酒店总机电话，在任何有汉庭连锁酒店的城市，只需发送信息定位，即可找到离自己最近的酒店。让客户更方便，是未来互联网和移动互联网营销的必遵基础。

10.3 兔起鹘落：让客户顺着你的思维“动”起来

古人打猎，经常用到一种叫“鹘”的猛禽。看到兔子跳起，鹘便会迅速飞扑下去，抓住猎物。公众账号的自动回复，虽然可以精确到关键词匹配，但对于服务类的企业来说，还是需要人工化的回复，才能让客户感到更真诚和更贴心。

海岸城的微信运作，在这一点上非常值得称道。

图 10-3 所示为作者与海岸城微信公众账号的聊天记录。海岸城采用的是人工回复，用户在发布“找好吃的”的需求后，收到海岸城的推荐。当用户提出“有川菜没”的询问后，微信运营人员进行了二次推荐。

虽然只是简单的几句聊天，但其中却蕴含了几点非常值得学习的地方：

1. 真诚

全人工的回复，让用户不再是跟冷冰冰的机器交流。社会化媒体营销时代，取消了线下沟通，全部通过互联网来互动，因此拉近距离，增加信任度，就成为关键。淘宝能在几年内成为中国 C2C 第一平台，很大程度源于支付平台“支付宝”的保障。通过第三方平台代为管理，可以让客户更放心地购物、付款，假如淘宝没有支付宝，很难发展得如此迅猛。

要想让客户信服，必须先让客户享受真诚用心的服务。在此提醒微信运营人员：关键词的回复只是定向性导向，对客户的回复要及时跟进，并且按照划分的不同客户类型，安排专人进行回复交流。

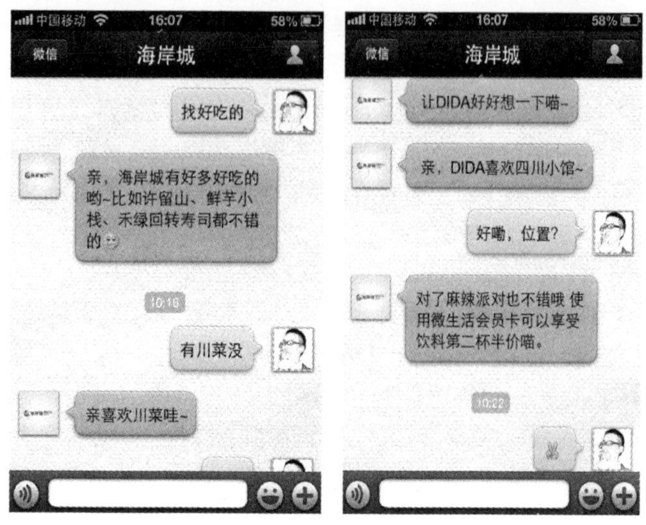

图 10-3

2. 灵活

通过图 10-3 可以看出，微信运营人员与客户交流，能及时按照客户的意思进行思维转变，并不固于自我认知。很多微信运营人员会犯下主观臆断的错误，却不知道，替客户下决定，是最愚蠢的营销行为。

作为微信运营者，应该灵活地根据客户需求，及时作出调整。正确的方式是：先做自我判断，然后根据客户的要求，进行判断确认。在未得到确定前，只给客户提供引导式的对话。

当客户在模棱两可间徘徊时，实际上他在内心已经有了倾向性的选择。这时，根据之前的判断和在交流中的再次确定，给客户推荐他倾向性最高的产品或服务即可。

这种流程看起来复杂，需要运营者了解客户心理学、沟通技巧、消费心理学等综合知识。但当运营者与多个客户进行多次交流后，就可以通过经验来快速判断了。流程复杂，却不能拖泥带水。社会化媒体平台的沟通虽然节省了资金成本，但却加大了时间成本。用电话 3 分钟可以说清的事，通过社会化媒体工具沟通，可能需要 10 分钟，甚至更久。所以要让客户感觉到直观、迅速、有效的回复，而不是牵丝攀藤，扭捏不定。

3. 转换贴切

公众账号运营者在与客户交流时，除了要揣摩客户心理，还需要根据实际情况作出调整。通过图 10-3 所示聊天记录可以发现，当用户提出要吃川菜时，海岸城微信先是推荐“四川小馆”，然后又提出“对了，麻辣派对也不错哦”的建议。经过调查发现，四川小馆的人均消费在 30 元左右，而麻辣派对的人均消费 80 元。

先别急着认为他在推荐贵的给客户。在前面的聊天记录中，我曾提出过“是否能停车”的疑问。微信运营者应该是根据用户询问“是否能停车”，而判断用户有车。再根据有车一族的情况，判断其消费区间。在客户分析的精准度这个细节上，海岸城的微信客服确实值得肯定。

4. 优惠吸引

海岸城的推荐，可能并没有我们想象的这么好。也许它就是为了推荐消费高的店铺，以吸引客户高消费。但在后面“使用微生活会员卡可以享受饮料第二杯半价”的优惠推荐，就是另一种方式的吸引了。通过友情提示加优惠的方式，可以让“贪便宜”的客户感到有优惠，也可以让“挑剔”的客户感到贴心。

10.4 审时度势：只给客户“送炭”，不给客户“添花”

微信内容设计，主要侧重点在“文案设计”和“营销策划”。文案设计是为了能吸引读者的关注和喜好，素材选择、文案写作和页面设计都是取胜的基础内容。但如果仅仅将微信作为一个媒体平台，舍弃了营销功能，微信的威力就局限于“单纯的粉丝”，没有实际收益价值了。

现在运营较为成功的自媒体平台中，有很多都是“只赚吆喝不赚钱”。内容设计得好，粉丝很喜欢，但却没有办法将营销策划切入进去。有的试过发布广告信息，结果却是大量“掉粉”。这是在微信运营之初，没有做好定位的原因。

微信内容设计，一定要适当适量地将产品信息切入，切入点可以是节假日、店庆、政策调整或其他，其中最佳的方式是节日切入。招商银行的微信推送，与节日搭配得非常到位，通过“弱营销化”的推送内容，让客户几乎感觉不到营销味儿，如图 10-4 所示。综合来说，招行微信公众账户的节日推送信息，有以下几点值得参考。

图 10-4 招商银行微信公众账号推送的两则信息

1．时节性

第一则信息是“六一”儿童节时招商银行推送的信息，第二则信息是端午节时推送的信息。“六一”推送的主题是“带上招行卡，度过完美六一”；端午的主题是“端午节，和家人一起包粽子”。通过“六一”和端午节的信息推送，可以在让客户感受到节日气氛的同时，潜移默化地将自己的产品信息植入到文案或图片设计中。

2．时效性

确定了活动主题与节日挂钩，还需要设置信息发送的时间和频率。招商银行在“六一”儿童节时，微信主题的推送时间是 5 月 31 日，也就是“六一”儿童节的前一天。端午节的推送时间为 6 月 5 日，提前了一周。

这个时间点把握得非常好。“六一”儿童节是儿童的节日，并不在国家规定的法定假期内。儿童放假，父母不一定有假期。提前一天推送，正好让父母感觉到隔日就是儿童节，应该为儿女做点什么。而端午节提前一周推送，是因为端午节有 3 天法定假期。绝大多数用户的假期安排，都会在一周前确定，因此在这个时间段推送的信息内容，纳入到客户假期活动的参考范围内的概率就会非常大。

3．相关性

营销分为品牌知名度提升和产品销售，很多企业主都希望社会化媒体平台能直接带来销量。实际上只要有宣传效果，也是一种收益。拥有了注册量，就拥有了客户；拥有了知名度，就拥有了品牌。因此，做社会化媒体营销，不要把提高销量定为唯一标准。

文案素材设计好，发送时间也恰好，那么现在最关键的是如何在推送内容中切入营销策划了。还以招商银行为例：在“六一”儿童节，招行推送的两条信息是“用 99 积分，让免费午餐温暖贫困儿童”和“追忆卡通时光，推荐办卡传递动漫经典”。用积分来换取贫困儿童的午餐，这是一个公益性质的活动。另一个活动主题则是怀旧。

在招商银行信用卡客户中，80、90 后的群体非常庞大。而这个年龄段的用户中，刚为人父母 80 后又占据了很大一部分比例。80、90 后处在社会快速发展期，能打动他们的东西越来越少。而怀旧则是从人性心理分析角度，几乎人人共有的一种情愫。

信用卡用户主流、80/90 后、刚为人父母、怀旧、“六一”儿童节，这几项东西放在一起，将客户、喜好、定位、产品有效结合，看起来就顺理成章了。

而在端午节，招商银行推送的是“星冰粽配咖啡”和“旅游加休闲”。冰粽和星巴克咖啡，将端午节的主角粽子和对口合作的星巴克咖啡店的产品结合；100 积分 5 折入住五星酒店，用积分将合作酒店结合。这既体现了节日气氛，也推荐了合作单位，还用自己的积分，给用户带来折扣和便利。

看似简单的两条信息推送，其实每一个节点都要把握准。在设计微信群发信息时，运营者一定要注意每一个细节。

除此之外，招商银行也是微信官方主推的公众账号之一。

截至目前，招商银行微信客服平台可用项目有 79 项，包括开卡、还款、促销活动、积分、账单等业务，占到招行总服务项目的 71%。这其中 90%以上的业务都可以通过自助服务完成。

招商银行定位的服务范围，主要集中在“理财、客服、增值、定制”四大类。除招行外，中信、平安、兴业、广发、交行、中行等其他银行也已开通微信公众平台，并在逐渐将之前的电信咨询客服平台转移到微信。未来的微信，将会囊括更多的银行、通信、生活服务企业。

10.5 标新立异：你就是你，颜色不一样的烟火

微信用户群体中，学生和白领占据了很大比重。追求刺激、好玩，喜欢恶搞、玩乐，是这类群体的主要特征。

公众账号信息内容的塑造或活动策划，可以考虑从客户的这些特征入手。一号店曾在 2012 年 12 月发起过“1 号店微信我画你猜”的活动，如图 10-5 所示。

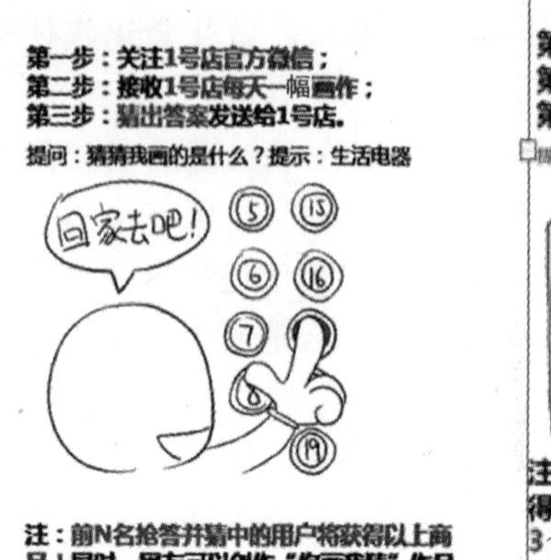

图 10-5 “1 号店微信我画你猜”活动

纯电脑手绘图，红黑分明的黑体字，条理清晰、规则简单的三部曲，就是如此“小儿科”的活动，却在微信圈引起了很大轰动，也让一号店通过微信收获了不少的新客户。一号店的微信内容及活动策划主要有以下几点优势：

1. 吸引眼球

恶搞是最容易引起共鸣的引爆点。微博 140 字的文案、长微博离奇搞怪文、各类手绘漫画、搞笑视频都广被青少年追捧。以暴走漫画为例，简单的鼠标勾勒，粗犷的线条，离奇的表情，配上几句简单的话，一幅作品就面世了，如图 10-6 所示。

图 10-6 暴走漫画示例

素材的选择，往往是生活中的小事或新闻热点。类似的 APP 软件，如看图猜成语等，简单中带点无奈，无奈中带着笑点，笑点中又隐藏着打动内心的记忆，这些来源于生活又高于生活的“互联网艺术形式”，是让客户关注，甚至产生共鸣的最佳手段之一。一号店的“我画你猜”微信活动，就是抓住了用户的这个“软肋”，直接俘获了大量粉丝的“芳心”。

2. 三方参与

通过观察可以发现，“我画你猜”的组成方共有三部分：主办方是一号店官网；一号店还鼓励用户自己创作作品并投稿，一旦采纳还有百元礼品卡赠送；微信的所有粉丝，都可以按照“三部曲”来参与活动。

主办方、素材提供者、客户，三者之间形成了一个社会化媒体营销闭环的生态链，既调动了粉丝的参与性，也让一些用户过足了“创作瘾”。

3. 社会化媒体结合

在微信开展“我画你猜”活动的同时，一号店还在新浪微博发起了一个转发有奖活动，如图 10-7 所示。

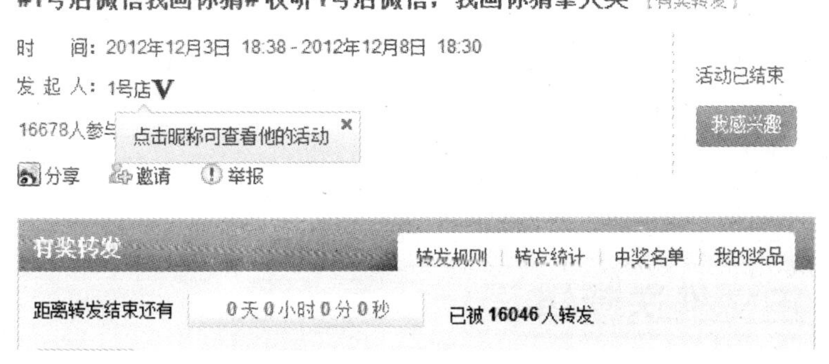

图 10-7 “你画我猜”新浪微博同步活动

12 月 3 日至 8 日，短短 5 天时间，该活动转发人数超过 1.6 万人次。通过微信结合微博做活动，利用社会化媒体营销工具打组合拳，将每个不同平台的粉丝都吸引到一起，也将活动的详情聚焦到一个点，最后引爆，这点值得我们的所有运营者深入思考。

社会化媒体平台的价值体现，并不是单一的功能，而是一个群体。每一种工具，都有自己的独特优势和存在的价值，如何在事件策划中将每个工具切入，并发挥各自的优势，还需要我们在运营中多思考、多学习、多实践。

第11章　微信线上推广与“其他社媒平台”组合拳

微信的好友添加方式新增了二维码功能。在这之前，所有的社会化媒体平台都只能通过查找号码或手工输入添加。二维码功能的推出，彻底改变了这种现状。目前，微博、QQ、博客、网页等都可以生成独立的二维码。用户只需用扫码软件，即可关注好友或打开二维码内嵌的网址。未来的移动互联网，将会进入物联网时代，智能嵌入、智能扫码这种趋势也是互联网发展的必然趋势。

现在微信添加好友方式，主要集中在“摇一摇”“扫一扫”“按钮搜索”“搜号码”等。其中，扫码和搜号码仍然是客户选择较多的两种方式，而且通过扫码添加的用户比例最高。简单地说，微信的推广就是二维码的推广。将二维码放在用户可以看到的任何地方，给客户全方位关注到平台的机会，是增加粉丝的最好方式。

二维码的推广主要分为线上和线下两种。线上是通过互联网、移动互联网的社会化媒体平台渠道，线下则是通过实体、印刷、张贴等方式。本章节将重点介绍微信二维码的线上推广方式和技巧。

11.1 正文推送营销

微信推送的信息，有一部分内容会被关注的粉丝分享到朋友圈。粉丝的分享，是增加“二级粉丝”关注的好机会。因此，可以在微信信息的正文部分下方植入微信账号和二维码信息。

通过正文植入，一级粉丝将该信息分享后，可以指引二级新粉丝关注，形成病毒式传播的效果。正文植入需要注意以下四个方面：

1. 注意用语

微信运营人员首先要明白，在底部正文植入微信账号信息的目的有两个：一是吸引现有粉丝分享到朋友圈；二是引导二级粉丝成为直接关注者。所以，在内容植入时，需要同时考虑到这两种客户群体的特性，而不能仅考虑现有的客户。

2. 字数/颜色

正文植入属于“阅后感言”，或者说正文植入就是纯粹的广告。如果字数太多，用户会在主观意识上认为这是广告。即便不会这么认为，太多的文字，客户也不一定有时间看。所以在正常情况下，建议不要超过 50 字。

另外，正文和植入信息可以设置一个“分割线”区分，并且字体的颜色要与正文颜色区分开，以加强视觉对比，吸引用户关注。

3. 二维码+ID

在植入的微信账号推广中，需要注意二维码和微信 ID 一个都不能少。二维码虽然可以更直观地显示，但别忘了客户在看微信时，手机是被占用的。除非客户有两个手机，一个打开微信内容中的二维码，用另外一个来扫描。但是，微信目前只支持一个终端登录，也就是说如果第二个终端上线，原先终端上的账号会自动退出。如此一来，二维码就只能是能看不能扫的“鸡肋”。

很多运营者只将二维码放上去，却忘了客户无法直接扫描添加。所以应把二维码和 ID 都加上。如果没有 ID，只有二维码，那只能给身边的朋友分享关注，但是这种反关注的概率就低很多了。

4. 提醒回复、分享

好的导购和销售，能左右客户思维，引导客户选择或下单。当了解与客户沟通技巧，并摸透客户心理后，只需小小的暗示，就可能让客户顺从自己的思维走。作者做过小范围调查，在正文植入中加入友情提示，例如“如果您觉得这篇文章对您有用，那请把它分享到朋友圈，与您的好朋友们一起分享快乐和生活经验吧”，粉丝转发到朋友圈的比例会提高 30%以上，这就是心理暗示和提醒的效果。

另外也要加入回复提醒，比如“您如果对此文有其他想法，或有问题，可以直接回复交流”。一旦粉丝回复，运营者要及时进行互动。这样这个粉丝就可以算是经过一次“考验”的忠实粉丝了。

11.2 博客植入营销

社会化媒体从社交平台变为营销平台的主要推动者是博客。之前的 BBS、论坛、社区等，都是以交友、交流为目的，很少有人想到营销。博客在 2007 年起至今，一步步逐渐向“营销化”转移，并在 2010 年达到顶峰。可惜的是不久后，博客的风头很快被新推出的社会化媒体工具微博抢占。微信上线后，博客的用户再次减少。

目前，移动互联网是未来发展的趋势，但传统互联网的没落，还需要一个漫长的过程。微博和微信营销的效果多少有些被夸大，在移动互联网上它们可以称王，但在传统互联网领域，微博、微信的营销效果还是有很大的局限性。

搜索引擎喜欢原创性的文章，通过博客或论坛，可以清楚地说清一件事。巧妙地将关键词、内链、外链植入，被搜索引擎收录后，会直接增加用户搜索后跳转到官网或店铺主页的打开率。

早在几年前，3G 网址、移动搜索的概念就已经被炒得火热。但现在，仍然有 95%以上的用户离不开传统互联网，他们的搜索习惯仍然是百度、谷歌、搜搜、搜狗等这些网页端的搜索引擎。

通过在文章内植入二维码，将博文与微信结合，则成为传统互联网和移动互联网联姻的一个双赢效果推广。

二维码在文章内的植入，可以放在文章中部和结尾。文章中部的植入是客户在浏览博文时必看的广告。跟电视广告一样，当我们在看综艺节目时，中间几十秒的广告一般很少会换台，这个时候广告的受众面是非常广的。所以，在文章中间植入是最佳的方式，可以将微信 ID 植入，如果是非用户自创型的文章，还需要简单地介绍下微信的定位和特色，以便客户甄选是否有关注的必要性，如图 11-1 所示。

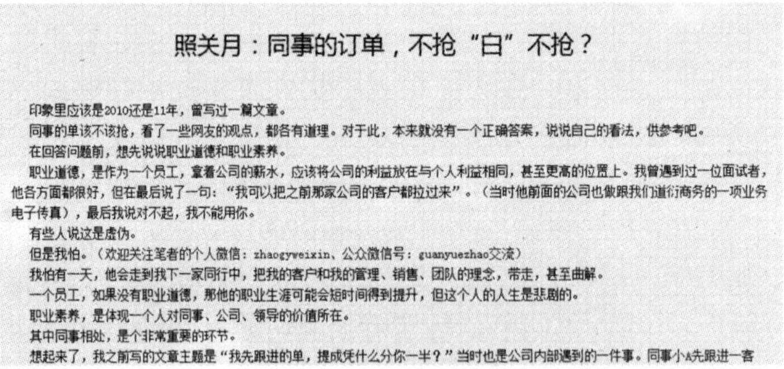

照关月：同事的订单，不抢“白”不抢？

印象里应该是2010还是11年，曾写过一篇文章。

同事的单该不该抢，看了一些网友的观点，都各有道理。对于此，本来就没有一个正确答案，说说自己的看法，供参考吧。

在回答问题前，想先说说职业道德和职业素养。

职业道德，是作为一个员工，拿着公司的薪水，应该将公司的利益放在与个人利益相同，甚至更高的位置上。我曾遇到过一位面试者，他各方面都很好，但在最后说了一句：“我可以把之前那家公司的客户都拉过来”。（当时他前面的公司也做跟我们道衍商务的一项业务电子传真），最后我说对不起，我不能用你。

有些人说这是虚伪。

但是我怕。（欢迎关注笔者的个人微信：zhaogyweixin、公众微信号：guanyuezhao交流）

我怕有一天，他会走到我下一家同行中，把我的客户和我的管理、销售、团队的理念，带走，甚至曲解。

一个员工，如果没有职业道德，那他的职业生涯可能会短时间得到提升，但这个人的人生是悲剧的。

职业素养，是体现一个人对同事、公司、领导的价值所在。

其中同事相处，是个非常重要的环节。

想起来了，我之前写的文章主题是“我先跟进的单，提成凭什么分你一半？”当时也是公司内部遇到的一件事。同事小A先跟进一客

图 11-1　博文植入微信公众账号示例

在文章结束后，客户会有一个很短的过渡期。这个过渡期，可能是客户看过整篇文章后的自我感觉和评判或其他。另外，文章中间植入广告，只会让客户有印象，除非是非常忠实的读者，一般很少有新用户只读到一半就停下来关注博文中间的微信广告。而文章看完后，客户已经对整件事有了系统的了解，

也通过笔风对博主本人有了基本认识，这时候植入微信的二维码图片，将会加大客户关注的概率，如图 11-2 所示。

只说不练是假把式，急功近利往往会摔跤，你要做的是：看住眼下，脚下，走出第一步。别想着一飞冲天，除非你有钱烧。

仅是个人看法，祝您好运!

道衍商务新站已开通：www.w5m.cn　（请复制w5m.cn到浏览器打开）

照关月的个人微信二维码：

照关月的公众微信二维码：

我的微信，扫描二维码与我交流：　微信扫码，成为朋友的开始。

图 11-2　博文尾部微信公众账号推广示例

文章植入微信二维码，需要注意植入次数。部分运营者喜欢在文章中，多次穿插植入，直接导致客户反感，甚至让读者失去看完文章的兴趣。因此，广告植入最多两次，文中或者结尾，或者只在结尾植入。

需要提醒的是：文字类的植入，需要标出不同颜色，或改变字体大小、加粗、倾斜，以便与文章正文区分。

11.3　论坛定向营销

论坛（BBS）是聊天室的“升级版”。互联网发展初期，远没有现在如此丰富的功能，从聊天室发展到论坛，论坛的功能已经非常全面了。

论坛营销最大的好处是“集群”。无论是地区性、行业性、爱好性的定位，每一个论坛，都集结着一群有着共同标签的用户群。论坛营销是社会化媒体营销工具中，客户群体定位最为精准的平台之一。通过论坛导向微信公众平台的粉丝群体，是最潜在的客户群体，因此，通过论坛定向的方式吸引用户关注微信公众账号，这些粉丝转为客户的可能性最大。

论坛的二维码推广，可以借鉴上节内容中文章植入的方式。但各个论坛的发帖管理方式不同，一些论坛禁止在帖子中插入广告性质的图片、文字、视频信息。这时，可以参考论坛的签名功能来植入微信公众账号，如图 11-3 所示。

图 11-3　阿里巴巴论坛签名设置方式

论坛的签名，一般分为“文字”和“图片”两种。文字部分可以设置公司介绍、联系方式、二维码 ID，图片格式则可以直接将二维码导入。

论坛定向推广微信公众账号，需要注意以下三点：

1. 平台选择

论坛的平台选择要与产品贴合或相关，除此之外，还需要考虑论坛的流量和知名度。一些起步阶段的或小范围的论坛，不建议参与。做社会化媒体营销，要学会借势，而不是造势，还要明白，社会化媒体营销是最追求时间效益的平台。因此，选择好的平台，就相当于选择了一种好的“推广武器”。

打个比方，在天涯发一条帖子，即使没有人评论，浏览量也可以迅速破百。而在一些小论坛，即使发的帖子被管理员推荐，流量也非常有限。

论坛营销需要专人运作，如果人工的成本高于实际收益，这就非常不划算了。对于地方性、行业性（非综合性）论坛，建议可以参考论坛的 PR 值和权重。客户的注册量也是参考的标准之一，最好的方式是亲自测试发帖，观测、统计、分析其实际流量数据。

论坛用户的群体是论坛营销取向的第二个标准。客户群体需要与产品的定价、功能对接、服务提供等相匹配，不能差距太远。简单地说，你的客户消费水平、消费习惯、区域性、收入水平等，都是在选择论坛前必须做好的调查。

2. 主备 ID

经过前面两步，基本上可以确定选择哪些论坛了。接下来需要做第二手准备，即至少有 2 个或 2 个以上的主 ID。曾有不少的论坛营销运营者，将某 ID 运作了大半年，却因为发了不符合论坛规定的帖子而被封号。这样就等于前功尽弃了。

主 ID 可以选择两个，并且这两个之间不要产生关联。除此之外，马甲需要准备不少于 5 个（根据团队人数和精力，多多益善）。马甲的注册，要注意注册时间、资料、笔名差异化，不能都是同一天开通，资料和笔名也不能有所雷同。

3. 打持久战

论坛营销的推广是一场持久战，必须有坚持的决心。做论坛营销最快的捷径是当版主，而管理员的选择，一般是通过发帖量、在线时间、互动次数等综合考量的。所以，论坛营销必须有专人负责，每天在线时长不应低于 1～2 小时。

正常情况下，运作论坛 1 个月左右，即可步入论坛圈内“熟悉面孔”队列。论坛的好友数量并不太多，一周左右即可了解，一个月基本上就能彼此熟悉。这时候可以通过论坛来发起一些活动，或者将微信、微博举办的活动植入到论坛。也可以跟版主或管理员商量，联合论坛举办关注微信抽奖活动。只要奖品丰富，并且活动主题不会引起坛友反感，对于这种合作，绝大多数版主都能接受。

11.4 邮件推广营销

邮件推广是社会化媒体营销工具中，至今仍被多数企业运用的平台之一。多年来，邮件曾经过多次整顿，比如几年前曾出过专项政策，凡广告性质的邮件，在标题上必须添加“AD”标志。但事实上，这个政策自实行起，就从来无人监管，最终只能不了了之。

目前，邮件营销运用较多的是纯营销性的广告。撒网式的轰炸，不加设计的文案，纯广告性质的图片，欺骗性的标题，让邮件营销逐渐成为与短信一样让用户反感的垃圾信息源。

其实，邮件的优势不能完全被忽略。庞大的客户群，点对点发送，100%的推送率，精准的人群定位，零成本的营销成本，几乎不耗时的瞬间群发……这些优势，其他社会化媒体平台无法替代。

而且，邮件是完全脱离微博、微信、博客、论坛等纯社会化媒体平台的“网销工具”，邮件的用户重叠性与以上几种相比是最低的。例如，我们的某位粉丝，微博关注了官方微博，微信关注了公众账号，也经常去我们的企业官方博客浏览博文，但这些流量的价值仅仅局限于一个客户。在邮件用户中，绝大部分是脱离纯社会化媒体营销平台的用户群体，或者说与我们在社会化媒体运作中设计的“全网营销工具圈”并不重合，所以这些“新客户”的价值也就此体现了。

通过邮件主题设计，在邮件正文加入二维码，以连载或定时发送的方式，将客户从邮件拉到微信公众平台，是邮件推广微信公众账号的流程。

邮箱种类很多，推荐使用网易、QQ、126、新浪等较为常用的邮箱。

运作邮件营销推广微信，需要注意以下三个方面：

1. 邮箱名注册

邮件营销的效果判断标准，在于客户会不会打开邮件。客户决定是否打开邮件，除了之前博客说过的标题外，还有一个切入点是邮箱名。邮件营销泛滥，不少运营者开始选用自动注册机，或随意输入文字字母结合的方式注册邮箱。这种邮箱名一看就不是正常用户注册的。

邮箱名要慎重，不宜太长，不宜太随意。另外，如果不想太麻烦，可以在邮件设置中设置邮箱用户名显示，这样用户收到的邮件中会直接显示用户名，而不是邮箱地址。

2. 邮件设计

邮件与纯社会化媒体平台的相关性较低，因此在邮件的主题定位上，除了考虑产品相关性外，可以将产品案例结合电子商务、网络营销的方式表现。通过邮件设计，让客户了解到这封邮件，是以产品信息结合电子商务为主题发送的，并在结尾留下“想要了解更多信息，请扫描二维码，关注微信公众平台”的指引信息。这种方式可能很难吸引对电子商务没兴趣的邮件接收者，但关注微信公众账号的粉丝质量会更高。

3. 邮件营销 ROI

做邮件营销，不能单纯以宣传微信为目的而群发，这样时间和精力的成本太高。邮件营销可以结合博客、网站、微博等所有社会化媒体营销工具，以图片、文字、视频等不同的形式来发送，以达到“以微信为引，做全网营销”的多赢效果。

11.5 微视频营销

社会化媒体营销的发展之路，也是人类获取信息和阅读习惯的改变之路。从开始的纯文字、语音，到图片、视频，这些变化恰恰是为了满足越来越“懒”的用户需求。

如何能让客户最直观地获取信息呢？视频是个好的选择。

目前很多企业开始通过拍摄短片、微电影来为企业做宣传。移动互联网时代，手机观看视频的便利，更是为未来的微视频发展提供了非常好的土壤，因此，视频也逐渐成为近年来各大企业追捧的营销工具。

图 11-4 所示是优酷网在 2010 年出品的《11 度青春》系列短片。10 部平均不足 15 分钟的短片，截至写稿前，播放次数是 146824887 次（约 1.468 亿次），评论 17 万条，收藏人数 15 万。

图 11-4　优酷微电影《11 度青春》

后来，其中之一的《泡芙小姐》还被拍成了长达五期的系列短片，从第一期到第五期，播放次数已超过 2.3 亿次。值得一提的是，2013 年的《泡芙小姐迷你剧 · 花漾季》，如图 11-5 所示，单集平均时长只有 5 分钟，28 集加起来还不足一部电影时长，但自第一集上线至今，播放量已经达到 6076 万次。

图 11-5 《泡芙小姐迷你剧 • 花漾季》

视频的发展变革，逐渐进入“微视频”时代。每集都是独立的主题（非连续剧模式），录制时长变短，根据企业赞助设计不同的品牌植入渠道和方式，视频笑点泪点多、选材多样化，打动人心……这些都是现代微视频营销的标签。

将企业微信公众账户植入到微视频中，需要注意以下四个方面：

1. 录制方式

普通企业没有太多资金投资专业的录像设备。对于中小企业，可以用普通的手持摄像机，投资数千元即可。在录制前，录制人员需要经过简单的培训，保证录制画面不晃动、清晰，并掌握基础的摄制技巧。在购买摄像机时，一定要选购支架。视频录制完成后，还需要编辑、剪切等后期制作。这些在网上都有专门的软件和教程，运营者可上网查询学习。

2. 录制内容

视频录制的内容选择，可以是领导人应邀参加的大型活动、公司最新动态、产品使用说明、公司内部系列剧（可以是员工之间或领导与员工之间发生的趣事等）、跟产品相关的信息（例如：服装公司发布鉴别面料技巧，服装搭配技巧，玉石类公司可以选择玉石保养技巧、玉石的品类和历史等）。定位可以多元化，不要局限于公司产品宣传，只要是能反映公司正能量的内容，都可以作为设计素材。

3. 植入方式

公众账号二维码在微视频中的植入有以下几种方式可以选择：

① 开篇植入：在视频播放前直接植入；

② 通篇植入：在视频左下角、左中、右下（推荐），始终显示；

③ 视频中间：建议视频设计中间环节植入二维码，还可以达到缓解用户眼疲劳的效果，并可作为下半部的分割线。

④ 随机植入：在视频播放过程中，随机显示二维码，以单次显示 5～10 秒（不低于 5 秒，不超过 15 秒），全集显示 3 次（至少 2 次不超过 3 次）的频率植入。

4. 平台选择

视频上传的平台要尽量多元化，建议在公司官网设置一个视频区，专门播放视频。官网是传统互联网的大本营，如果是自主品牌，无论使用任何社会化媒体工具，包括淘宝、天猫、京东、当当等各类销售平台，最终的目的都应该是将流量引到自己的官网。

所有社会化媒体工具都是嫁接于其他平台之上的，只有官网是自己的。雅虎邮箱停用、饭否停用、易趣被淘宝打败等事例证明：所有嫁接于其他平台的商铺或社会化媒体工具，都不如自己的官网更有保障。

除官网外，建议在优酷上申请视频专栏，其他如土豆、56 等平台，也可以同步开通。在上传视频时，视频介绍和空间用户名，要体现出公司或产品名称。搜索引擎虽然对视频的抓取有一定限制，但对视频简介和详细介绍的文字性关键词，也会收录到搜索结果页面。

另外，专业性的视频可以与优米网、多贝网等线上授课类平台合作，这些平台有在线授课和重复观看的功能。不过，这类视频平台的收录要求会比优酷等泛视频平台高得多。

企业应选择适合自己的视频营销方式和渠道。大中型企业可以与优酷官方或其他官方平台开展系列短剧合作，或者可以作为赞助单位将二维码植入其中。自拍短片需要考虑到视频选材和受众群体的喜好，另外还需要以视频浏览量为主要参考指标。一般可将考核周期设定为三个月，在三个月内，要根据市场反应作出适当调整。如果多次调整，视频流量仍然有限，则需要重新计划，看是否是自己的产品并不适合做视频营销。

社会化媒体平台工具的营销特性非常独到，博客、微博、微信等不同的平台，不同的公司，不同的产品，不同的客户，都会有不同的效果。因此，社会化媒体营销运营者要遵循“多尝试、快调整、懂放弃、知心理”的四个原则。

第 12 章　微信二维码线下推广技巧

微信公众账号的推广，就是二维码的推广。如果说线上微信公众账号还需要微信 ID 的补充，那线下推广将会是纯图片性质的表现方式。传统的线下推广方式是借助于电视媒体、杂志、报纸、刊物等线下资源为展示载体。二维码的推广，除了常见的广告宣传外，还可以通过其他一些不太常见的方式进行辅助推广。

12.1 个人名片：拉近距离的第一法宝

有了市场营销的概念和行为后，名片的雏形就已经诞生了。客户需要了解供货方的信息，必然需要将其信息整理收录，以便他日待用。于是智慧的商人便将产品的名称、品牌、地址等信息，整理成一张小小的纸张或卡片，免费赠予客户。

随着名片的改革，又加入了现代化的电话、传真、邮件等信息。通过名片传递的信息，也不再是单纯的一两种联系方式，而是可以通过任何渠道都能找到对方的综合信息。

可以说，名片是与陌生人交流的集个人介绍、联系方式备用等于一体的，具有强烈指导意义的卡片。尤其是在现代商业社会，几乎商业化的第一次见面，都是通过名片先了解对方背景，接下来再通过交谈、实地考察等详细了解对方。

通过名片，将二维码植入在名片左侧或背面，对于传统企业类的客户来说，是一种新技术、新方式，对于电商或对社会化媒体熟悉的客户，则是快速获得微信公众粉丝的便捷方式。

12.2 产品外包装：客户了解的第一印象

产品的特性和价值体现，有至少一半体现在外包装上。一盒礼品高不高档，价值几多，外包装是即将成交或已成交客户的第一判断标准。营销界曾有专门的研究员做过测试，同样的产品，用精品包装，相比普通包装，售价可以提升 3 倍以上。

很多企业为压缩成本，认为客户关注的是产品质量，在质量上下大工夫，至于外包装和宣传费用则能省就省。这种通病比较集中在技术型创业者的公司上。宣传是为了让客户了解产品，外包装则是客户决定是否购买的关键性因素。

将二维码植入在产品外包装上，主要有两种方式。

一种是单产品的外包装。单产品外包装是针对尚未购买的用户群，加上微信公众账号，可以实现客户随时咨询、及时回复的客服效果。通过功能询问和客户解疑，还可以达到促使客户下单的效果。

另外一种是网购成品外包装。网购成品外包装是二次包装，比如纸箱、衣物袋、塑料外包等。此类二维码植入可以在二次购买上下功夫，例如扫描微信二维码，关注微信，再加五星好评，即可享受返现优惠等；或者扫描二维码，享受下次购物 88 折优惠，并可参与微信的所有优惠活动。

图 12-1　外包装二维码植入

在产品外包装上植入二维码，对于小企业或淘宝 C 店，还有一个比较简单便宜的方法，那就是单独制作二维码印刷贴纸。在不改变原包装的基础上，将单独印刷的二维码直接贴在产品或外包装上，如图 12-1 所示。单独二维码的印刷成本非常低廉。除了产品外包装，这些二维码印刷品也可以贴在其他客户可以看到的地方。

通过外包装植入二维码，相当于达到了线上微信结合线下会员卡的效果，无论是对客户服务，还是产品营销，都是非常有必要性的。

12.3 使用说明书：服务贴心的第一利器

使用说明书一般随着产品包装植入在内，能拿到说明书的客户是绝对的成交客户。一个产品的成本，除了原料、包装、物流、设计、研发等硬性成本，售后服务的比重也占到很大一块。

售后成本主要体现在时间、精力、人力、渠道等方面，成本是次要的，更关键的是客户满意度。一个成交客户，是从千百个潜在客户中挖掘出来的，而客户对产品重视度的高低，会直接影响到是否会二次购买。而且客户的口碑介绍，会拉动亲友产生消费。按照营销学的“1∶25 原则”（即一个成交客户能带动 25 个潜在客户的购买），可以得出这样的结论：做好一个老客户，即可获得一个免费的产品宣传员工；丢掉一个老客户，就失去了 25 个潜在客户。

将微信二维码植入在产品说明书中，主要提供产品的使用方式说明，以及解答客户在使用过程中的问题等服务。在微信公众账号做售后服务时，要做到随问随答，及时回复。

目前在使用说明书中植入二维码的企业并不多。相信在不久的将来，二维码将会覆盖产品的任何位置，而越早做，就越早能享受到创新，带来更多的粉丝关注、尝鲜。

客户再也不需要拨打几乎永远占线的 400 电话，也不需漫长的回复等待，只需通过微信，即可随时享受到免费解疑、预约上门、售后服务点推荐等众多贴心服务，无论是对企业本身的售后成本降低，还是对客户的售后满意度提升，都有非常大的帮助。

12.4 双管齐下：“附说单”+“定制礼品”

产品外包装和使说明书是推广二维码的好地方，但规模较小的公司，更改外包装或使用说明书，需要承担重新设计和制作的费用。这对于起步阶段的创业型企业来说，是一笔不小的开支。

针对这种情况，可以通过随寄“附说单”（一般常见于网购，在产品包装内附送的一份说明单）的方式，来实现二维码的推广。将附说单以“友情提示”“客户须知”等主题，将微信二维码与产品特性结合，促使客户扫描关注。这种方式，只需支付少量的印刷成本即可。

随寄产品附说单，是很多企业，尤其是网购类网店，常采用的方式。附说单的主题和设计非常关键，很多客户收到附说单后会认为是广告宣传，直接丢在一边，这样营销效果就无法体现了。因此主题的设计思路，应该以图文结合或视觉效果强为出发点。此外，还要在优惠上下功夫，不要只定位在二次购买的优惠上，以免让客户认为这是商家不真诚的表现。

除了产品附说单，还可以随产品赠送一些自行设计的小礼品，例如折扇、日历单等，也可以是跟产品相关的产品，比如羽绒服可以送暖手宝，电脑可以送鼠标垫。将微信二维码植入在赠送礼品上，可以让客户感觉到不是在使用“赠品”。营销味儿不明显，客户才更乐意拿出来使用（很多客户看到纯广告介绍的礼品不愿意当众使用）。带有广告的产品只有当众使用或展示时，才可以产生广告宣传的效果。因此，不在赠送礼品上体现公司名称、电话等信息，以微信二维码的方式出现，既淡化营销，也可真正实现营销传播的价值最大化。

12.5 户外室内小广告

传统企业的户外广告，一般采用公交车体、户外广告架、楼宇广告、易拉宝、店铺广告等为载体。户外广告主要分为流动性和固定性两种。流动性的优势是产品针对的客户群不确定性较强，覆盖面由广告载体的路线决定。固定性的优势是定点宣传，更适用载体所在地的客户群体特性。

无论是流动性还是固定性户外广告，时间周期都会比传统的电视、杂志、报纸等媒体长，所以营销效果和持续影响力也会更好。除此之外，贴传单的方式是中小企业可以选择的渠道。这种方式不需要宣传费，但达到的效果也非常不错。

需要注意，贴广告必须贴在允许的宣传墙上，否则会因为乱贴乱张而被撕除广告，甚至会因为影响市容而被罚款或追究责任。不要让客户感觉到公司做宣传没有顾及对环境和市容的影响，进而认为这样的企业没有社会责任感，从而对公司产生反感，这样的宣传就适得其反了。因此，一定要注意户外宣传的渠道和方式。

二维码的室内布置不受外界因素影响，可以选择放在店铺的任何地方。例如饭店的餐桌、墙体，电影院的厕所、广告墙，服务员定制的服装、员工牌等。

室内众多的二维码，可以让客户产生心理暗示，促进客户扫码的行为产生。而且室内扫码者，又是已成交的固定客户或即将成交的潜在客户，用二维码来进行新产品推介、优惠活动推广和售后服务跟进，会是非常不错的选择。

二维码的推广要做到“无码不在”。只要是用户可以看到的地方，都可以贴上二维码。建议企业制作一批专业的物料，比如 3CM×3CM 左右规格的二维码贴纸。这种物料的成本一张可能只有几分钱，但贴在产品外包装、箱体、活动现场、服装等任何地方，都可以为客户扫码带来便利性。

企业可根据广告预算确定自己的二维码宣传平台、渠道和方式。较常见的二维码载体如图 12-2 所示。

图 12-2 较常见的二维码推广载体

12.6 微信官方的“去营销化”

微信产品总监曾鸣曾公开表示，微信公众账号的功能主要是互动沟通、用户管理和服务定制，如图 12-3 所示。

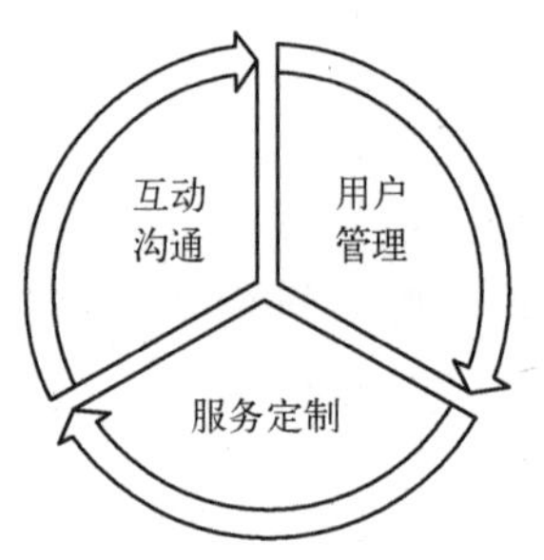

图 12-3 微信公众账号功能定位

微信公众账号自推出以来，曾一度被误认为是营销账号或自媒体账号，各种猜测和判断不绝于耳。但微信官方运作团队自始至终都没有将微信公众账号定位成“纯营销”功能，反而一直在“去营销化”。微信曾先后封杀掉一大批草根公众账号，其中不乏上百万粉丝的“大号”。

“互动沟通，用户管理，服务定制”，说明微信公众账号第一是沟通平台，第二是客户 CRM 管理后台，第三是产品定制类特殊服务提供平台。这三点都表明，微信公众账号的主功能是客服，通过客服再转为营销和宣传。这是微信运营者必须要自我认知的第一步。

新浪微博官方已经开通了“营销推广”的工具，微博营销化已经势不可挡。但一个产品的过度营销化，会透支普通客户对平台的耐心和支持，这一定是微信团队想要避免出现的结果。

因此微信的“去营销化”，更符合社会化媒体平台的长存之道。当论坛仅仅是聊天室和志趣相投的网友聚居地时，论坛营销出现了，然后论坛很快被新社会化媒体取代。当博客只是网上的日记本时，很多人都还给博客设置密码，以日记本的态度对待博客，可博客营销出现后，博客也很快发展式微。微博推出后，更是在短时间内迅速获取了大批量的重视客户，可是在微博推出不久后，微博营销又一次透支了微博的用户感情，于是微信迎头赶上。而当微信刚刚推出时，微信营销的概念就已经尽人皆知了。所以微信官方必须要有一个姿态：微信不是营销工具，为了好的用户体验，微信可以做出严厉的处罚和对于发广告、骚扰客户的行为决不妥协的公告。这一切，都是为了实现更良好的用户体验。

但这并不是说我们就不做营销，而是探索如何符合社会化媒体“软营销”的特质。当我们把微信当成广告主场时会被封号，而当我们巧妙地将 CRM、活动策划、事件推广等植入引发粉丝竞相传播时，营销的效果已经达到了。“润物细无声”，无论是社会化媒体平台，还是我们对一个活动或事件的策划，都必须遵守这个原则。

图 12-4 所示是微信运营的团队，下中是张小龙。就是这个团队创造了截至目前最伟大的社会化媒体工具，也是他们改变了中国人的通信方式，甚至，他们正在改变中国电子商务的历史。我们应该为这样的团队表示敬意，为他们送上掌声。

图 12-4　微信官方运营团队

然而，微信是否能稳坐钓鱼台一百年？以目前社会化媒体平台的更新迭代速度来看，情况并不乐观。社会化媒体和移动互联网的特性，都是以“变”为主，因此在任何时候，市场和客户需求都不允许永久的垄断和一家独大，也不允许一款产品或软件“独霸江湖”。聊天室、BBS、论坛、博客、微博、微信（来往、易信、陌陌等）相继兴起没落，最长的也不过五六年。下一个替代微信的产品，说不定已经在某家公司被秘密研制。这就是互联网和移动互联网，它改变了你我，颠覆了营销。接下来，它将改变世界。

第 13 章　小小“微店”：轻松打开移动互联网创业之门

13.1　认识“微店”

之前，微信一直是以社交平台为定位。然而，当微信开通“微信支付”后，便开始从社交平台向移动电商平台转变了。

2014 年春节，微信推出了“微信红包”功能。用户可以自由设置发送红包的金额以及抢到人数的限制，然后就可以由系统自由分配让群内用户及时抢，以获得不等面额的红包。仅仅是这样一个小小的功能，却在短短几天内，使绑定微信支付银行卡的用户超过 1 亿。这个用户增长速度，再一次刷新了互联网用户增长的纪录。同时，这也是微信正式宣布将在移动电商领域树立旗帜的标志。

之所以说微信是现在移动电商时代的“首席代表”，关键在于微信有了“微信支付”（在线支付）和“微店”（产品展示）的双重功能结合。微博虽然抢占了移动互联网的先机，却没有好好把握“平台和支付”的时机，导致虽然现在有了微博支付和其他类似功能，用户基数和增长量却始终很难与微信抗衡。在移动互联网时代，“快”是唯一制胜的原则，你可以不是最“早”最“先”的，但一定要有良好的市场嗅觉和准确的发展预测，再加上发展的快速度。微信就是这样坐上了移动电商的头把交椅。

微店作为综合产品的展示区，给微信注入了新的商业元素。用户打开微信公众账号的微信小店或第三方微店，就可以像浏览“手机淘宝”一样，在线查看产品描述和信息了。如果对产品价格或款式有疑问，也可以随时通过微信进行客服沟通。如果觉得产品满意，在线下单，输入地址，就可以完成一站式购物。这种模式，就是移动互联网形式。

在传统互联网时代，企业经历了两大付费变革时期。第一阶段是搜索引擎时代。当时综合性平台（如淘宝、天猫、阿里巴巴等）的发展尚处起步期，用户想要获取产品信息，就不得不通过搜索引擎。当用户输入相关的关键词，企业方开通百度竞价服务，便可以让自己的网站排名靠前，以获得最大可能的用户点击。这种“截流”的方式，在当时让很多提前试水的企业主尝到了甜头。

之后，综合平台和垂直平台开始快速发展。当淘宝已经成为中国最大的交易平台时，用户获取信息已经习惯在淘宝搜索框输入产品名称了，而不是跳出到百度。于是“直通车”便理所应当地收起企业和店主的广告推广费了。

严格意义上来说，这两种形式都不具备健康良性的发展空间。企业主想要获取客户，只需要花费大量广告推广费即可。但当多数企业都“觉醒”时，广告之争的 ROI（投入产出比）就会相差很大，于是企业主会发现广告投得越来越多，获取的客户却越来越少。而且，花费推广费就可让排名靠前，也会让一些产品质量不好但懂推广技巧的商家获得更多订单，这会给客户带来不便。

在移动互联网时代，移动电商可以完全屏蔽这一点。无论是介于微信内的微信小店，还是第三方微店，或者是企业自主开发的 APP，以手机屏幕的大小和输入操作性来看，想要在站内做关键词竞价，难度相对比较大。唯一常用的广告形式只能是图片或文字，而且还不能占据太多位置。广告位变少，甚至没有广告位，每一个企业主或店主，都有独立的链接或店铺平台，企业只需要做好单链和店铺的推广即可，不需要再向平台方支付广告费。而且，微店的客户群体具有“三次圈”（超过 70%的客户，都是店主的朋友或不超过三次内社交链的客户群）的特性，本身就具备可信性。比如，当我们看到一家微店是我们的朋友开通的，或者是朋友介绍的，这种信任营销或口碑营销，就可以阻断客户的疑惑和担心，直接拉动成交了。

“去中心化”，让企业可获利，让用户更便捷，让平台能健康，这就是未来移动电商的特性。而微店，就是移动电商的第一种表现形式，也是截至目前，或者说在未来很长一段时间的“主要表现形态”。

13.2 传统企业布局移动电商落地法宝：微信小店

13.2.1 微信小店

微信推出公众账号后，升级的频率非常高。在最新版本的公众平台中，微信终于植入了“微信小店”的功能。

登录微信公众账号，在右侧菜单栏找到“添加功能插件”，如图 13-1 所示。

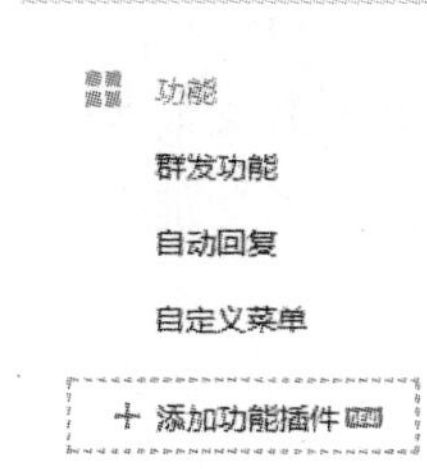

图 13-1

以下选项则是微信内置的功能插件，群发功能、自动回复、自定义菜单这几项功能是基础项。微信小店和多客服功能，建议还没有开通的可以开通，如图 13-2 所示。

图 13-2

申请多客服功能，必须同时满足是“服务号”和“微信认证”两项条件。如果您已经满足以上两点，打开“多客服”，点击“申请”，即可开通多客服功能。而且在公众账号左侧菜单栏“功能”下方会出现“多客服”选项，如图 13-3 所示。

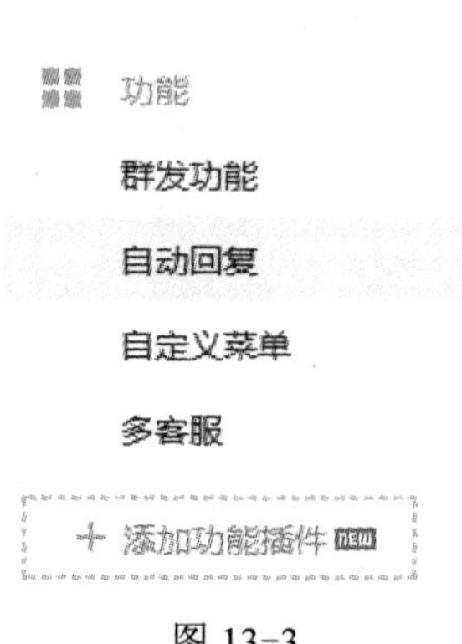

图 13-3

13.2.2 多客服设置

点击进入“多客服”，选项右侧“添加客服工号”。

依次输入“工号”“昵称”“密码”，点击“确认添加”，如图 13-4 所示。

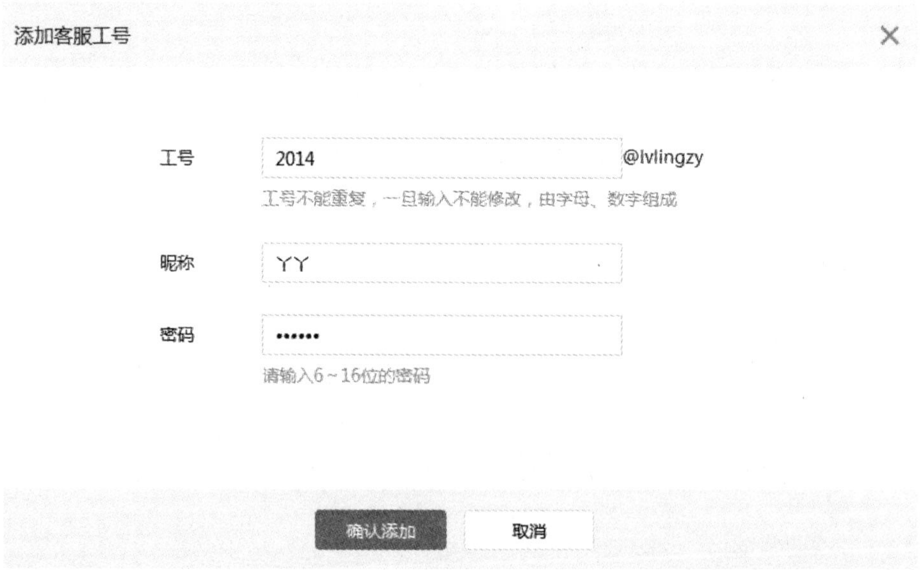

添加客服工号 ×

工号 2014 @lvlingzy

工号不能重复，一旦输入不能修改，由字母、数字组成

昵称 YY

密码 ••••••

请输入6～16位的密码

确认添加 取消

图 13-4

最后会收到创建成功的消息，如图 13-5 所示。

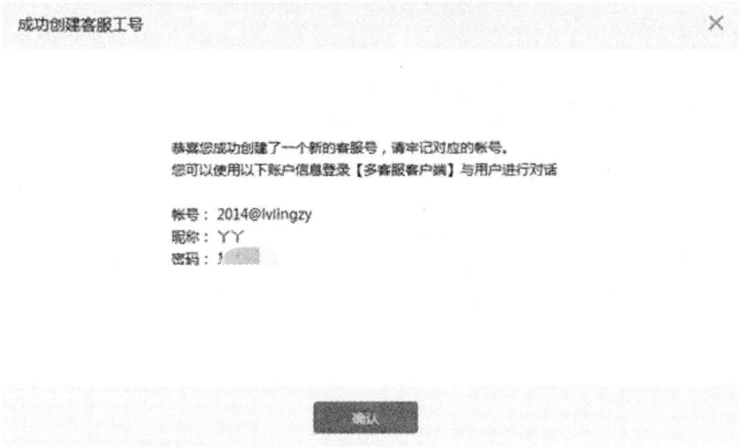
成功创建客服工号
恭喜您成功创建了一个新的客服号，请牢记对应的帐号。
您可以使用以下账户信息登录【多客服客户端】与用户进行对话
帐号：2014@lvlingzy
昵称：YY
密码：
确认

图 13-5

多客服的登录方式目前较多使用的有两种：一种是下载“多客服软件客服端”（http://crm.mp.weixin.qq.com/cgi-bin/dkf_download_url），一种则是直接在个人微信使用“多客服”。

下载“多客服软件客服端”后，输入账号、密码，选择开启“自动接入”，点击登录，如图 13-6 所示。

多客服
dkf.qq.com
帐号:
2014@lvlingzy
密码:
自动接入:
关闭
自动登录
记住密码
网络设置
二维码登录
登录

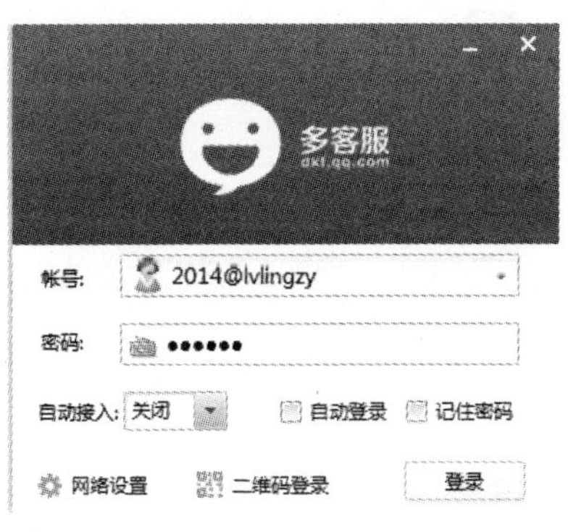

图 13-6

登录后，效果如图 13-7 所示。在这里可以设置“自动接入数量”“自动回复”等信息。这样，当有粉丝给微信公众账号发布信息时，不用登录公众账号 Web 端，也可以直接与粉丝对话了。

个人微信多客服版更加便利，关注微信多客服公众账号“duokefu”或扫描二维码关注即可。

关注后，即会收到一条自定义回复信息，如图 13-8 所示。

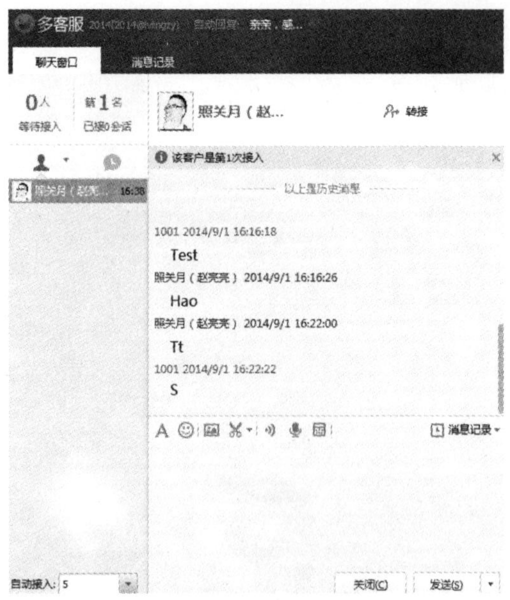

图 13-7

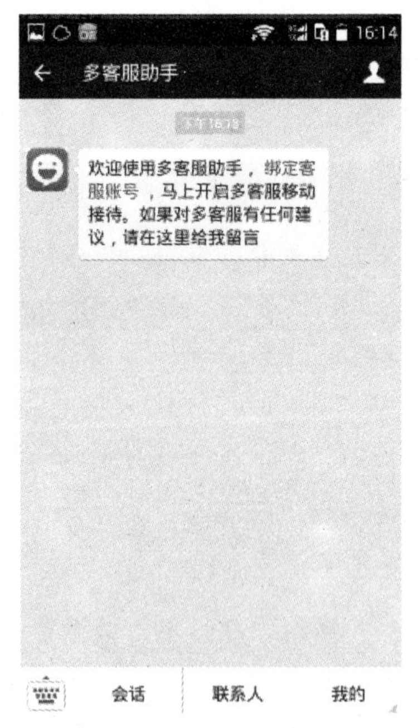

图 13-8

点击信息中“绑定客服账号”，输入设置的用户名和密码，点击绑定。

绑定成功后，就可以直接通过个人微信来与公众账号的客户及时进行沟通了。

点击“微信小店”选项，进入开通页面，如图 13-9 所示。

图 13-9

申请微信小店需要同时满足“微信认证”和“微信支付”两个条件。

微信小店开通大致流程如图 13-10 所示。

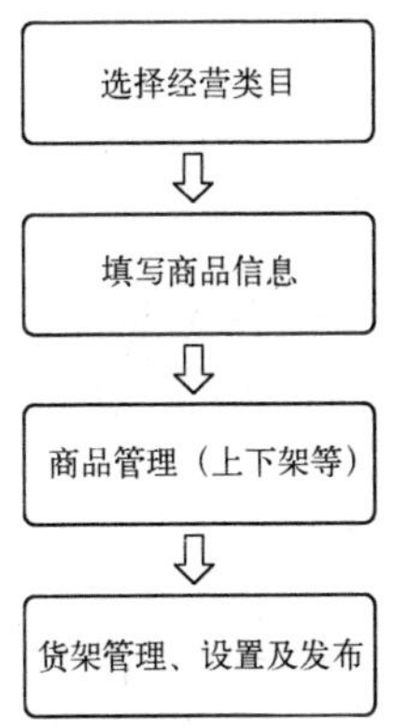

图 13-10　微信小店开通流程

微信小店也植入了数据统计和分析功能，如图 13-11 所示。

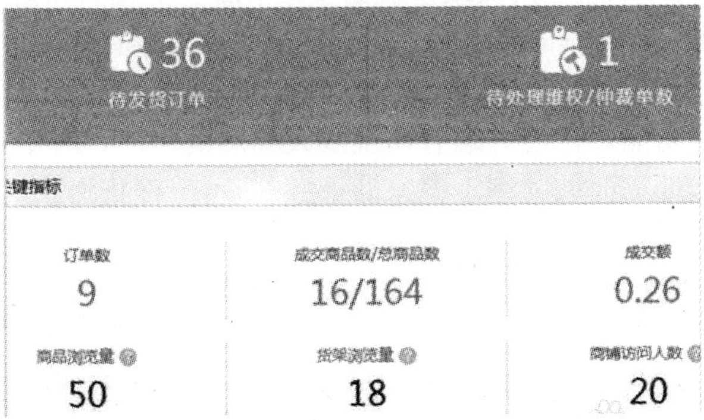

图 13-11

通过后台数据，可以直观地看到订单数量、成交商品数与库存、成交金额、商品和货架浏览量、访问人数等数据。

相对来说，微信小店的要求门槛比较高。首先，服务号认证，必须要是企业或机构才可以。其次，开通微信支付需要 20000 元的保证金。对于普通的创业者来说，这两点要求有点望尘莫及。有了需求，就会有市场；有了市场，就会有有远见的创业者，创造出适应市场发展的产品。第三方开发机构开发的“微店”，就出来“捡漏”，创立了真正适合普通大众的微店铺。

13.3 移动电商“草根”创业者的福音：“微店”

微信掘金富了不少拥有专业技术的开发人员。在微信没有推出微信小店前，很多第三方微网站、微官网开发者，侧面推动了微信成为“移动电商”的成功转型者。而微信推出“微信小店”后，很多第三方开发机构都有所担心，但微信表明立场：继续开放透明的互联网特性，对第三方开发公司采取支持的态度。这其实也是腾讯的高明之处，在互联网时代，只有开放、包容、透明的操作，才会吸引更多的参与者。在这一点上，苹果 APP 是非常好的典范。让第三方个人和机构可以自主研发设计，并全身心参与，既使开发者得利，又可以服务到更多的客户群。

“微店”就是在这种情况下诞生的。

目前，第三方开发机构中，“微店”和“口袋购物”等微店的用户基数和品牌知名度相对较高。

13.3.1 微店

“微店”下载可以通过网页或手机端直接下载。下载后点击注册，输入手机号、验证码、密码、身份证号码、姓名等资料，就可以直接开通了。

“微店”的操作页面有微信收款、我的微店、订单管理、销售管理、客户管理、我的收入等功能。已经开通有淘宝或天猫店的用户，可以点击右下角“设置”按钮，选择最上面的“淘宝搬家助手”，即可一键将淘宝店搬到“微店”，如图 13-12 所示。

13.3.2 口袋购物

口袋购物目前已开通了会员培育、多客服、数据统计等功能，如图 13-13 所示。

图 13-12

图 13-13　口袋购物功能

下载口袋购物 APP 后，进入操作页面，如图 13-14 所示。

图 13-14

通过第三方开发的微店，可以给小成本的创业者降低门槛，带来更多选择。粗略估计，目前中国已有千万计的“微商”，通过微店的平台进行产品推广、营销和客服。在移动互联网时代，“人人皆商”的状况，将会越来越普遍。

13.4 微店创业三部曲

微店创业给很多“草根”提供了非常好的平台，但微店已经很难复制淘宝的历史了。目前，微信和京东强强联手，但是在几年前，淘宝也在布局移动电商，大力发展手机淘宝和支付宝钱包。而且，传统互联网发展的成熟，以及微商的迅猛发展，也加速了移动电商创业的竞争。

如果你想做微商，通过微信或微店创业，在开始实施之前，就需要经过系统梳理，而不是随便开个店坐等客来。微店和微信营销的门槛极低，有身份证、手机号即可开通，而现在各种化妆品、宝石、孕幼用品的招商品类繁多，货源也很容易解决。但是，多数微商都是在开通微店后，却陷入迷茫：为什么没有销量？该怎么吸引粉丝？怎么促进成交？怎么降低掉粉率？怎么有效与粉丝互动？当初为什么选择这个产品……这个时候再分析，就为时已晚了。

13.4.1 微商定位

微店或微信创业者（以下统称微商），第一步首先要解决的问题是内容定位。如果你已经有一定的粉丝基数，可以根据自己以往发布的内容，或者通过后台数据分析，确定现有粉丝的喜好。例如，之前发布的内容主要是养生保健类，则可以选择与养生保健相近的话题和产品，例如茶叶、健身器材、保健品、养生服务等。

微商创业，一定要迎合粉丝，而不是让粉丝迎合你。每一次推送内容的改变，都会造成粉丝流失。例如，原先微信定位的是服装，当有一天微信主题转移成食品类时，原先因为服装关注你的粉丝便会流失了。因此，微信的内容可以调整，但原则是必须有针对性，这是第一个注意点。

其次，微信内容还要注重专注。有些微商往往会陷入“粉丝多就是成功”的误区。实际上，微信的粉丝并不在多少，而在于是否是潜在购买客户，是否有匹配的购买能力。粉丝多，需要花更多时间去维护，需要为满足不同客户的需求而发布类目各异的内容。这种状况久了，可能会导致没有主次、没有定位的状况产生。这样推送产品信息的转化率就很难提高了。不要想着照顾到所有用户的爱好，而要专注专业专效。记住 80/20 原则，你只需要让购买的客户满意就够了。

13.4.2　货源选择

微商的货源选择，需要注意以下几点。

货源的选择可以通过自主供货、代理加盟两个方面入手。自主供货主要选择地方特产、手工艺品或本身已经在做的产品。代理加盟则需要考虑“库存、客单价、客户定位、产品独特性”四个方面。微商起步阶段，一定要心平气和，不能仅凭厂家的推荐就盲目进货。货源的动销是需要经过实际测试的，而厂家则只考虑出货量，因此厂家会设置条件诱人的大批量进货扶持政策。在实际运营中，不少微商就是被厂家设置的大批量进货优惠政策吸引，而压下大批库存无法形成动销。前期可以少批量进货，或者先由供货商代发。类似于淘宝的个人分销商，这种操作既可降低库存和资金压滞风险，还可以通过实验了解到最适合自己平台的货源。

其次是客单价。微商客单价一般不宜设置得过高。一些微商会认为珠宝玉器等高售价的产品获利才高，但是高价的产品销售频率较低，难度大，而且一般小成本微商的粉丝质量匹配度也不高。长时间没有成交，也会打击微商运营者的信心。所以应选择客单价在 200 元以下的大众产品。

再次是客户定位。一定综合考量收入情况、消费能力、年龄、消费习惯等多种因素，匹配度越高，成交转化的成功率也越高。

最后是产品独特性。微商中销量最好的是化妆品，化妆品的细分产品中销量最好的是面膜（面膜品牌、功效、卖点各不相同）。大众化的产品，可能会让客户选择其他平台和购买方式，但快消品和重复消费品又可以提高客户的复购率。所以这里所说的“产品独特性”，是指大众类的产品，但有其独特性的卖点或其他产品无法比拟的优势。

13.4.3　微商运营五必知

1. 跳出微信

微信粉丝的获取除了内容之外，还可以考虑从站外获取。之前说过，微信营销的好友和所售产品一定要精准和匹配。通过微信寻找精准客户的难度相对比较大，但是通过站外博客、论坛、社区就不同了。比如，自己做的是户外用品，可以通过驴友论坛、新浪微博搜索“驴友”关键词、博客查询等，找到精准的客户群，进而有针对性地吸引客户关注。

2. 微信群

微信群相对站外推广来说更加精准。但是由于微信官方设置的限制，目前微信群还没有办法通过关键词搜索加群，只能通过其他群友分享的二维码，或者好友拉入群的方式加群。我们可以通过多参加线下微信群交流会来达到目的。目前，很多城市都有不同类目的微信线下群交流会，而每一个参会的人员往往都会加入了几个规模不等的群。如果参加一次会议，可以加 20 个群（保守估计），每个群有 100 人，则可以一次性与 2000 个潜在的客户对话了。

除此之外，自己也可以建立群。比如参加聚会，可以主动提议“面对面建群”，自己成为群主。加上用心维护，群里的成员本身就具有彼此相识的特性，因此转化率要比普通的粉丝更高。

3. 主动沟通

无论是添加好友，还是被好友添加，一定要第一时间跟客户取得沟通，发送感谢关注、自我介绍和是否可告知对方联系方式等内容。除此之外，还需要保证不定期与好友进行群发或一对一的单聊。微信好友不在多而在精，每一次与粉丝沟通，都是拉近距离，促进粉丝转化为客户。但是需要注意与粉丝沟通的频率和时间，如果过于频繁，可能会对粉丝造成骚扰。这个频率可以保持在每周 1 次。

4. 发展分销

微店既是平台，也是渠道。如果是自主供货，可以考虑在发展终端客户的同时，也开发分销渠道。一个人的力量毕竟有限，通过朋友圈的分销，可以快速提高品牌知名度，也可以打开更多销量通路。

如果是代理加盟的品牌，也可以通过分销渠道进行拓展。但是要注意分销渠道的区域选择，尽量不要跨度太大。毕竟不是自己的品牌，如果跨度过大，可能会有分销渠道跳过你，直接与厂家联系。

5. 贴心售后

微商的销售方式与传统电商相近，或者说微商更要注重重复客户购买率。由于缺乏第三方担保，微商客户的购买下单往往会非常慎重，因此必要的承诺，可以让用户更放心地购买。而对于已经成交的客户，也需要把服务做到极致。7 天无理由退货、有效的换货机制、线上付款线下取货的销售方式、线下实体售后等的保证和承诺，以及对客户投诉的及时受理，都会促成用户口碑的二次传播。

后　记

#39 天写本书#，现在终于完稿了。

从决定写书到现在，几经周转，一直忙于公司事务，实在抽不出时间更新稿件。而移动互联网的变化脚步却从未停止，甚至连缓慢的态势都没有。某一时刻，我总有一种担心：移动互联网发展这么快，未来还有多少包括我在内的网民，会在这迅猛的“浪潮”下被淘汰吗？

从微博敲开移动互联网的大门，到微信抢占移动电商的入口，再到阿里巴巴大力扶持手淘和支付宝钱包，有时候想想，仿佛从未觉察到这一切的改变。2013 年的今天，京东全站屏蔽微信二维码；今年此日，微信与京东战略合作，在腾讯网、微信、QQ 空间等显著位置，都加入了京东的链接。2012 年王健林与马云豪赌一亿，今年王健林与马化腾、李彦宏出资 50 亿，推出万达 O2O 电商平台……

我“身在其中”，却看不懂。

一天两个小时的碎片化时间放在微博，三个小时的碎片化时间放在微信。试着统计下你在微博和微信上花的时间。可能你一次只看 20 分钟微博，但是一天有多少次，你拿出手机，刷新微博或朋友圈？

但是，我真的“身在其中”吗？

我们每天花很长时间刷微博，看朋友圈，却丝毫没有意识到，或许就在明天，我们的购物习惯将从电脑端转移到手机端。而移动互联网，却在无声无息中，逐渐占据我们的生活、工作，占据我们的碎片化时间，占据我们的购物习惯，占据我们的一切。

你在移动互联网的局中吗？你的朋友呢？你的客户呢？

是的，我们都“身在其中”。只是，目前微博和微信，还只是获取信息、沟通工具、社会化媒体平台的代名词。它并不需要太多时间。微信红包几天内就有上亿的绑定用户，就是最有力的证明。

如果有一天你突然觉醒：不知从什么时候开始，已经习惯于通过移动互联网购物了，那就是真正的移动互联网时代来临了！

所以：

如果你是企业主，现在注册微博微信，是在布局；

如果你是创业者，现在开通微店微商，是在掘金；

如果你是旁观者，现在使用微博微信，是在消遣；

如果你是战略者，现在关注移动电商，是在筹谋。

这是一个最好的时代，移动互联网时代，人人平等；

这是一个最坏的时代，移动互联网时代，人人自危；

抓住移动互联网的脉搏，靠近它，熟悉它，驾驭它。

最后，衷心感谢所有为这本书付出心血的人，没有你们，就没有这本书，感恩于心。也真诚希望这本书，能对移动互联网的爱好者或从业者，有所帮助。

感谢大家。

感谢移动互联网。

感谢这个时代。

照关月于石家庄

2014 年 9 月 3 日